LE CORBUSIER MESURES DE L'HOMME

LE CORBUSIER MEASURES OF MAN

Centre
Pompidou

Il y a cinquante ans s'éteignait Le Corbusier. Le grand architecte a vécu ses derniers instants dans un coin de nature coincé entre mer et montagne. C'est dans le plus simple appareil qu'il est retrouvé sans vie sur la plage, à quelques pas de sa minuscule résidence secondaire, son « Cabanon », construit selon les mesures du Modulor, où il expérimentait, nu, les principes de la cellule spartiate et minimaliste. A-t-il orchestré sa fin ? Le Corbusier aura été un maître de la mise en scène jusqu'à son dernier souffle, et même au-delà, si l'on considère la grandeur de ses obsèques nationales célébrées dans la Cour carrée du Louvre par André Malraux. Cette double fin, discrète et grandiose, intime et publique, pourrait résumer la personnalité et le parcours du « Maître », son cheminement atypique, ses contradictions, ses succès ou encore ses prophéties. N'avait-il pas prévu que ses forces le lâcheraient ce jour-là, et que, s'il nageait au large, il ne pourrait plus revenir ? Il ne revint pas, et son corps, rendu par la mer, reçut un hommage officiel national et international.

C'est à travers le prisme de ce corps, de la figure humaine, mesurée dans sa corporalité mais aussi dans ses dimensions perceptive et spirituelle, que cette exposition propose de relire le travail corbuséen. Le parcours s'organise autour de différents supports – dessins d'architecture, maquettes, peintures, sculptures, livres, objets, films, photographies et archives – illustrent la production foisonnante de ce natif du Jura suisse, naturalisé français en 1930 et parisien d'adoption, à la carrière internationale. Au cœur de son œuvre multiforme et titanesque, Le Corbusier réfléchit sur une mesure essentielle et universelle, « l'homme de série », pensant et percevant. Formé notamment en Allemagne, Charles-Édouard Jeanneret (qui deviendra Le Corbusier en 1920) subit l'influence des psycho-physiciens et des théories de l'esthétique scientifique suivant lesquelles tout peut être mesuré, y compris les sensations, les réactions cognitives ou la psychologie humaine. Cette notion de mesure est présente dans le travail de l'urbaniste, de l'architecte, du créateur de meubles, et se manifeste dans l'œuvre du peintre. Mais toute mathématique qu'elle soit, la recherche corbuséenne ne s'éloigne jamais de l'être ; elle s'adapte aux gestes, au regard, à la pensée : la cellule d'habitation est petite mais pratique car à l'échelle humaine ; le mobilier est flexible afin de suivre les mouvements du corps ; les yeux et l'esprit du spectateur font du tableau puriste une lecture subjective. Le corps humain, corps de femmes souvent, ou certains de ses membres, mains, pieds, oreilles, sont des sujets à part entière de la peinture de Le Corbusier.

Travailleur forcené, il a mené de front la pratique de multiples disciplines, dont l'architecture, la peinture et l'écriture. La quantité d'œuvres conçues de sa main est gigantesque. Pugnace, il a fait preuve d'une combativité extrême pour défendre certains de ses projets, souvent en vain si ce n'est pour la postérité. Les archives de la Fondation Le Corbusier regorgent de projets non construits et pourtant célèbres, à commencer par le « Plan Voisin de Paris » (1925), scandaleux donc marquant. Le Corbusier fut un maître de l'exposition, pour ne pas dire de l'exhibition, qu'il s'agisse d'organiser des événements commandés, comme des pavillons pour des Salons, de mettre en scène une collection privée ou de réaliser lui-même un événement célébrant son œuvre personnelle. Dans ses écrits et ses conférences, par le contrôle de son image (notamment assuré par l'embauche d'un photographe particulier, Lucien Hervé, pendant les quinze dernières années de sa vie), il s'est montré, a diffusé ses idées et promu sa personne comme aucun autre, et ce bien avant l'heure de la communication exacerbée de notre multimédiatique XXIe siècle. Exposer de façon exhaustive une telle production, commentée par une littérature non moins dense, n'est pas envisageable. Le sujet, incommensurable et maintes fois exploré, n'en reste pas moins mystérieux et fascinant. Cette exposition présente ainsi certains aspects du travail corbuséen, des origines jurassiennes jusqu'à sa fin en Méditerranée. Commémorant le cinquantenaire de la disparition du grand architecte, elle se propose de mettre en lumière l'omniprésence de l'humain dans son travail, à partir d'éléments de l'œuvre peint, de réalisations ou de projets architecturaux, de meubles et d'écrits, qui témoignent de la richesse et de la complexité de sa pensée.

Le Corbusier passed away fifty years ago. The great architect lived out his final moments in a corner of nature, caught between the sea and the mountains. He was found in the nude, lifeless, on the beach a few feet away from his tiny secondary residence, his *Cabanon* [Hut], built according to the measures of the Modulor. This was where he experimented with the spartan and minimalist cell, unclothed. Did he orchestrate his own end? Until his last breath, Le Corbusier was a master of staging – and even beyond the grave, if we consider the grandeur of his national funeral held in the Cour Carrée of the Louvre, with a eulogy delivered by André Malraux. This double ending, discreet and grandiose, intimate and public, could sum up the personality and background of the "Master", his atypical path, his contradictions, successes, or even his prophesies. Had he not predicted that his strength would fail him that day, and that, if he swam offshore, he might never return? He did not return, and his body, rendered by the sea, received an official national and international homage.

It is through the prism of this body – the human figure, measured in its corporality, but also in its perceptive and spiritual dimensions – that this exhibition proposes to reread the Corbusian work. The visit is organised around various media – architectural drawings, models, paintings, sculptures, books, objects, films, photographs, and archives – illustrating the prolific production of this native of the Swiss Jura, who obtained French nationality in 1930, adopting Paris as his home, with an international career. At the heart of his multifaceted and Herculean body of work, Le Corbusier thought about an essential and universal measurement: the thinking, perceptive *homme de série* [standard man]. Mainly educated in Germany, Charles-Édouard Jeanneret (the future Le Corbusier) was influenced by psychophysicians and scientific aesthetic theories in which everything can be measured, including sensations, cognitive reactions, or human psychology. This notion of measurement is present in the work of the town planner, architect, and furniture designer, while also manifesting itself in the work of the painter. But although it was highly mathematical, Corbusian research never strayed from the human form: it was adapted to gestures, gazes, and thought. The living cell is small but practical since it is on a human scale, the furniture is flexible in order to follow the movements of the body; the eyes and the mind of the spectator transform the purist painting into a subjective reading. In Le Corbusier's painting, the human body is a subject in its own right – he often used women's bodies, or some of their parts: hands, feet, or ears.

A workaholic, he juggled multiple disciplines, including architecture, painting, and writing. He was highly prolific in his production of artworks. He was also pugnacious, proving intensely combative in defending some of his projects, often in vain, if only for posterity. Le Corbusier's archives are overflowing with unbuilt projects that are nonetheless famous, foremost among these being the "Plan Voisin de Paris" (1925), which was scandalous and hence memorable. Le Corbusier was a master of exhibition, if not of spectacle, whether it was for organising commissioned events, such as pavilions for Fairs,

showcasing a private collection, or creating his own event celebrating his personal work. In his writings and conferences, through the control of his image (notably ensured by hiring a private photographer, Lucien Hervé, during the last fifteen years of his life), Le Corbusier made his presence felt, publicised his ideas, and promoted himself like none other, and he did this well before the advent of the exacerbated communication of our 21st century multimedia. Presenting such a vast production in an exhaustive manner would be impossible, particularly since the criticism from secondary literature is no less dense. Though the subject is immeasurable and has been explored myriad times, it remains as mysterious and fascinating as ever.

This exhibition thus presents certain aspects of the Corbusian corpus, from its Jurassian origins to its Mediterranean end. Commemorating the fiftieth anniversary of the death of the great architect, it highlights the omnipresence of humanity in his work, based on elements from his paintings, architectural creations or projects, furniture, and writings, bearing witness to the rich diversity and complexity of his thought.

Le Corbusier et le béton sculpté de la « Cité radieuse », Marseille — Le Corbusier and the sculpted concrete of the "Cité radieuse" [The Radiant City], Marseilles

Photographie de Lucien Hervé — Photograph by Lucien Hervé

Fondation Le Corbusier, Paris

RYTHMES ET MOTIFS

« Le Parthénon, terrible machine, broie et domine ; à quatre heures de marche et à une heure de chaloupe, de si loin, seul, il impatronise son cube, face à la mer. »
➜ Le Corbusier, *Le Voyage d'Orient* (1911)[2]

Né à La Chaux-de-Fonds en 1887, Charles-Édouard Jeanneret (futur Le Corbusier) étudie auprès de Charles L'Eplattenier à l'école d'art de la ville industrielle du Jura suisse. Il passe des journées entières en pleine nature, à dessiner « sur le motif », s'inspirant du décor local, développant avec ses camarades le style « sapin ». Formé aux métiers de l'horlogerie et destiné à la gravure-ciselure, il s'oriente finalement vers l'architecture. Dès 1907, il voyage – Italie, Autriche, Allemagne, France – et travaille dans les ateliers de Josef Hoffmann, Auguste Perret, Peter Berhens. Il rencontre Heinrich Tessenow, l'architecte de la cité-jardin expérimentale de Hellerau, où son frère Albert enseigne la rythmique aux côtés d'Émile Jaques-Dalcroze. Sa fréquentation des acteurs du Deutscher Werkbund l'inspire pour son projet d'ateliers d'artistes évoquant le Bauhaus et annonçant les systèmes d'accroissement naturel caractéristiques de l'architecture corbuséenne. En 1911, au cours de son « voyage d'Orient » (Prague, Vienne, Budapest, Istanbul, mont Athos, Athènes, puis Pompéi et Pise avant de regagner la Suisse), il est frappé par la perfection du Parthénon, référence majeure dont on perçoit l'influence sur son travail plastique et architectural.

2 — Le Corbusier, *Le Voyage d'Orient*, (1911), Paris, Éditions Parenthèses, 1987, p. 154.

RHYTHMS AND MOTIFS

"The Parthenon, a terrible machine, grinds and dominates; seen from as far as a four-hour walk and one hour by boat, alone, it is a sovereign cube facing the sea."
➜ Le Corbusier, *Le Voyage d'Orient* (1911)[2]

Born in La Chaux-de-Fonds in 1887, Charles-Édouard Jeanneret (the future Le Corbusier) was a student of Charles L'Eplattenier at the art school of the small industrial city of the Swiss canton of Jura. He spent full days surrounded by nature, drawing in the open air, inspired by the local setting, and developing the "pine" style with his classmates. He originally studied clock making and hoped to become an engraver-embosser, but eventually turned to architecture. From 1907, he travelled through Italy, Austria, Germany, and France, working in the studios of Josef Hoffmann, Auguste Perret, and Peter Berhens. He met Heinrich Tessenow, the architect of the experimental garden city of Hellerau, where his brother Albert taught rhythm alongside Émile Jaques-Dalcroze. His frequenting of the actors of the Deutscher Werkbund inspired his project of artists' studios evoking Bauhaus designs and announcing the systems of natural growth characteristic of Corbusian architecture. In 1911, in the course of his "journey to the East" (Prague, Vienna, Budapest, Istanbul, Mount Athos, Athens, then Pompeii and Pisa, before returning to Switzerland), he was struck by the perfection of the Parthenon, a major reference whose influence can be perceived in his art and architecture.

2 — Le Corbusier, *Journey to the East*, trans. Ivan Zaknic, MIT Press, 2007, p. 212.

Le Corbusier sur l'Acropole —
Le Corbusier at the Acropolis
1911

Tirage photographique —
Photographic print

Fondation Le Corbusier, Paris

HEINRICH TESSENOW

Théâtre de l'Institution éducative pour la
gymnastique rythmique dans la cité-jardin
de Hellerau — Theatre of the Educational
Institution for rhythmic gymnastics in the
garden-city of Hellerau
1911

ADOLPHE APPIA

*Espace rythmique. « Neuf piliers » —
Rhythmic Space. "Nine Pillars"*
1909-1910

Fusain et estompe sur papier Canson
chamois — Charcoal and stump on Canson
chamois paper, 50,2 × 72,4 cm

Cabinet d'arts graphiques des Musées
d'art et d'histoire, Genève — Cabinet
d'Arts Graphiques at the Musées d'Art
et d'Histoire (MAHs), Geneva

LE CORBUSIER

Pompéi — Pompeii
1911

Aquarelle sur papier — Watercolour
on paper, 31 × 24 cm

Fondation Le Corbusier, Paris

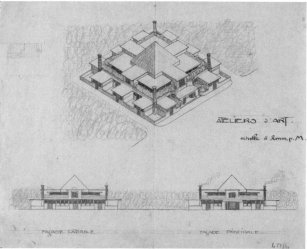

LE CORBUSIER

Motifs décoratifs — Decorative designs
1911

Graphite, gouache et encre noire
sur papier vergé — Graphite, gouache
and black ink on laid papier,
24,3 × 31,7 cm

Fondation Le Corbusier, Paris

LE CORBUSIER

*Projet pour les ateliers d'art de
La Chaux-de-Fonds — Project for
the art studios of La Chaux-de-Fonds*
1910

Crayon de couleur, encre de Chine et
graphite sur papier — Colour pencil,
Indian ink and graphite on paper,
31 × 40 cm

Centre Pompidou, Mnam-CCI, Paris.
Don de la Clarence Westbury Foundation
— Gift from the Clarence Westbury
Foundation

LE CORBUSIER

Villa Schwob, La Chaux-de-Fonds
1916-1917

Crayon de couleur, encre de Chine et
graphite sur calque — Colour pencil,
Indian ink and graphite on paper,
44,2 × 88,2 cm

Centre Pompidou, Mnam-CCI, Paris.
Don de la Clarence Westbury Foundation
— Gift from the Clarence Westbury
Foundation

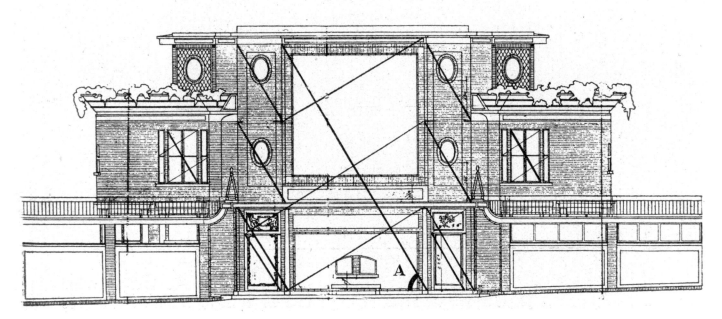

LE CORBUSIER

Villa Schwob, La Chaux-de-Fonds
1917

Photographie de la façade donnant
sur la rue — Photograph of the façade
on the street side

LE CORBUSIER

Façade de la villa Schwob, avec tracés
régulateurs, repr. dans *L'Esprit nouveau*, n° 5,
février 1921 — *Façade of the Villa Schwob*, with
regulating lines, repr. in *L'Esprit nouveau*, n° 5,
February 1921

PURISM

PURISME

« Le purisme tente un art fait de constantes plastiques échappant aux conventions, s'adressant, avant tout, aux propriétés universelles des sens et de l'esprit. »
→ Amédée Ozenfant et Charles-Édouard Jeanneret, « Le purisme », *L'Esprit nouveau*, n° 4, janvier 1921

"Purism strives for an art free of conventions which will utilize plastic constants and address itself above all to the universal properties of the senses and the mind."
→ Amédée Ozenfant and Charles-Édouard Jeanneret, "Purism", *L'Esprit nouveau*, n° 4, January 1921[3]

En 1918, le peintre Amédée Ozenfant (1886-1966) et Charles-Édouard Jeanneret publient *Après le cubisme*, le manifeste du mouvement puriste qu'ils créent ensemble et dans lequel ils prônent un « esprit industriel, mécanique et scientifique ». Les natures mortes peintes par les deux artistes représentent des objets de la vie quotidienne, évidents, banals. Ils les décrivent comme des « objets-thèmes ». Des « tracés régulateurs » sont utilisés pendant le travail préparatoire afin d'architecturer la toile. Il s'agit alors de discipliner l'espace pictural, d'ordonner chaque chose. La géométrie est appelée à simplifier les formes, améliore la lisibilité de l'œuvre et rend celle-ci pure et universelle. À « la recherche des invariants », les compositions se suivent et se ressemblent, seule la relation perçue entre les différents objets représentés est importante. Opérant la synthèse des infimes changements d'une toile à une autre, le spectateur crée le tableau. L'essentiel est finalement ce que ressent l'observateur.

In 1918, the painter Amédée Ozenfant (1886-1966) and Charles-Édouard Jeanneret published *Après le cubisme*, the manifesto of the Purist movement that they created together and in which they advocated an "industrial, mechanical, and scientific spirit". The still lifes painted by the two artists represent obvious, banal objects from everyday life. He describes them as "object-themes". "Regulating lines" are used during the preparatory work, blocking out the canvas, in order to discipline the pictorial space and order each element. Geometry simplifies forms, improving the readability of the artwork and rendering it pure and universal. "Seeking invariables", the compositions follow one after the other in quick succession and all look alike; only the perceived relationship between the various objects represented is important. In carrying out a synthesis of the minute changes from one canvas to another, the spectator creates the painting. The essence of the overall work is the observer's experience.

3 — *In Modern Artists on Art: Second Enlarged Edition*, ed. Robert L. Herbert, Dover Publications, New York, 2012, p. 65. (The editor states in the Preface that this is the "Purism" article's "first translation" into English.)

LE CORBUSIER

La Cheminée — The Fireplace
1918

Huile sur toile — Oil on canvas,
60 × 73 cm

Fondation Le Corbusier, Paris

AMÉDÉE OZENFANT

Verre, bouteille, miroir et leurs ombres —
Glass, bottle, mirror and their shadows
1918

Huile sur toile — Oil on canvas,
82,1 × 65,3 cm

Kunstmuseum Basel, Schenkung
Dr. h.c. Raoul La Roche 1963

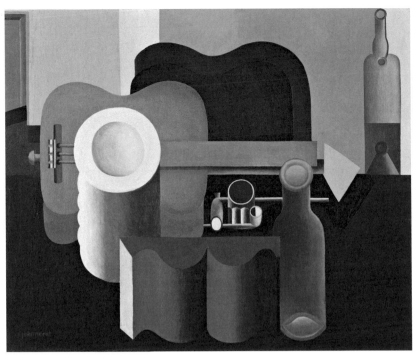

LE CORBUSIER

Nature morte — Still Life
1920

Huile sur toile — Oil on canvas,
80,9 × 99,7 cm

The Museum of Modern Art, New York
Van Gogh Purchase Fund, 1937

LE CORBUSIER

Nature morte à la pile d'assiettes —
Still Life with Pile of Plates
1920

Huile sur toile — Oil on canvas,
81,2 × 100 cm

Kunstmuseum Basel, Schenkung
Dr. h.c. Raoul La Roche 1963

LE CORBUSIER

Nature morte — Still Life
1922

Huile sur toile — Oil on canvas,
65 × 81 cm

Centre Pompidou, Mnam-CCI, Paris.
Don de l'artiste, 1955 — Gift from
the artist, 1955

11

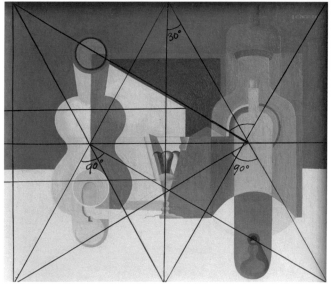

LE CORBUSIER

Nature morte aux nombreux objets —
Still Life with many objects
1923

Huile sur toile — Oil on canvas,
114 × 146 cm

Fondation Le Corbusier, Paris

LE CORBUSIER

La Bouteille de vin orange — Bottle of Orange
Wine
1922

Huile sur toile — Oil on canvas,
60 × 73 cm

Fondation Le Corbusier, Paris

LE CORBUSIER

La Bouteille de vin orange, avec tracés
régulateurs, repr. dans *L'Esprit nouveau*, n° 17,
juin 1922 — *Bottle of Orange Wine*, with
regulating lines, repr. in *L'Esprit nouveau*, n° 17,
June 1922

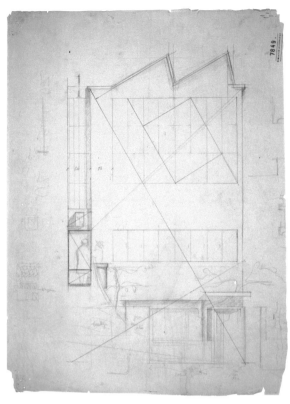

LE CORBUSIER

Maison-Atelier Ozenfant, Paris, étude de
façade sur jardin — *Ozenfant Home-Studio*,
Paris, study for the façade on the garden side
1922

Crayon noir et de couleur sur calque
— Black and coloured pencil on tracing
paper, 72,1 × 53,2 cm

Fondation Le Corbusier, Paris

LE CORBUSIER

Maison-Atelier Ozenfant, avenue Reille, Paris
— *Ozenfant Home-Studio*, Avenue Reille, Paris

Tirage photographique — Photographic
print, 1924

Fondation Le Corbusier, Paris

ESPRIT NOUVEAU

ESPRIT NOUVEAU

« *L'esprit nouveau qui s'annonce prétend avant tout hériter des classiques un solide bon sens, un esprit critique assuré, des vues d'ensemble sur l'univers et dans l'âme humaine, et le sens du devoir qui dépouille les sentiments et en limite ou plutôt en contient les manifestations.* »
➔ Guillaume Apollinaire, « L'esprit nouveau et les poètes », dans *Mercure de France*, 1er décembre 1918

Peu avant sa mort, Guillaume Apollinaire prononçait une conférence intitulée « L'esprit nouveau et les poètes » vantant la clarté classique et l'idée d'un art qui serait une synthèse de l'ensemble des phénomènes visuels et acoustiques produits par le nouveau monde. La formule, incarnant fort bien les intentions d'Amédée Ozenfant et de Le Corbusier, est reprise dans la revue qu'ils fondent en 1919 avec Paul Dermée. *L'Esprit nouveau. Revue internationale d'esthétique* fait intervenir Charles Henry, Theo Van Doesburg, Louis Aragon, Adolf Loos, Jean Cocteau ou encore Auguste Lumière. Vingt-huit numéros sont publiés entre 1920 et 1925.
À l'Exposition internationale des arts décoratifs et industriels modernes de 1925, Le Corbusier rassemble ses réflexions sur l'habitat dans son pavillon de l'Esprit nouveau, prototype d'un appartement de « l'immeuble-villas » destiné à s'insérer dans un ensemble urbain à taille humaine. À Pessac, près de Bordeaux, il réalise entre 1924 et 1926 un modèle de cité-jardin standardisée, les Quartiers modernes Frugès, soit une cinquantaine d'habitations pour les ouvriers de l'industriel sucrier Henry Frugès.

"*The new spirit [...] claims to have inherited from the classics solid good sense, a confident spirit of criticism, a wide view of the world and the human mind, and that sense of duty which limits or rather controls manifestations of sentimentality.*"
➔ Guillaume Apollinaire, "L'esprit nouveau et les poètes", in *Mercure de France*, 1st December 1918[4]

Not long before his death, Guillaume Apollinaire gave a conference entitled "L'esprit nouveau et les poètes" [The New Spirit and Poets] that sang the praises of classical clarity and the idea of an art that would be a synthesis of all of the visual and acoustic phenomena produced by the new world. This expression, powerfully encapsulating the intentions of Amédée Ozenfant and Le Corbusier, was later repeated in the magazine they founded in 1919 with Paul Dermée. *L'Esprit nouveau: Revue internationale d'esthétique* featured contributions from Charles Henry, Theo Van Doesburg, Louis Aragon, Adolf Loos, Jean Cocteau, or Auguste Lumière. Twenty-eight issues were published between 1920 and 1925.
At the 1925 International Exposition of Modern Industrial and Decorative Arts, Le Corbusier brought together his thoughts on housing in his Esprit nouveau Pavilion; the prototype of an apartment in a "immeuble-villas" designed to be integrated within an urban complex on a human scale.
In Pessac, near Bordeaux, he produced a standardised garden-city model between 1924 and 1926, the Quartiers Modernes Frugès [Frugès Modern Neighbourhood]. It contained around fifty homes for the workers of the industrial sugar producer, Henry Frugès.

4 — In *Visions of the Modern*, John Golding, University of California Press, 1994, p. 25.

**LE CORBUSIER et — and
PIERRE JEANNERET**

Pavillon de l'Esprit nouveau, Paris —
L'Esprit nouveau Pavilion, Paris

Tirage photographique retouché —
Touched-up photographic print, 1925

Fondation Le Corbusier, Paris

**LE CORBUSIER et — and
PIERRE JEANNERET**

Pavillon de l'Esprit nouveau, Paris —
L'Esprit nouveau Pavilion, Paris

Tirage photographique —
Photographic print, 1925

Fondation Le Corbusier, Paris

**LE CORBUSIER et — and
PIERRE JEANNERET**

Pavillon de l'Esprit nouveau, salon —
L'Esprit nouveau Pavilion, lounge

Tirage photographique —
Photographic print, 1925

Bauhaus Archiv, Berlin

**LE CORBUSIER et — and
PIERRE JEANNERET**

*Ville contemporaine pour 3 millions
d'habitants*, perspective — *Contemporary
city for 3 million inhabitants*, perspective
1922

Aquarelle sur papier — Watercolour
on paper, 45,8 × 66 cm

Fondation Le Corbusier, Paris

**LE CORBUSIER et — and
PIERRE JEANNERET**

Immeuble-Villas, axonométrie —
Villas-Building, axonometry
1922

Encre noire et crayon noir sur
calque — Black ink and black pencil
on tracing paper, 41,7 × 53,6 cm

Fondation Le Corbusier, Paris

ESPACES PRIVÉS

« *Je vous avais commandé un "cadre pour ma collection". Vous me fournissez un "poème en murs".* »
➜ Raoul La Roche, dans une lettre adressée
à Le Corbusier et datée du 24 mai 1926

Les villas construites par Le Corbusier et Pierre Jeanneret dans les années 1920 constituent un laboratoire pour l'élaboration du vocabulaire architectural corbuséen et contribuent à asseoir la réputation des deux architectes, cousins et associés. La villa Savoye (1928) à Poissy, consécration de cette série, est aujourd'hui un symbole de l'architecture moderne. Commandées par des artistes, des collectionneurs, des proches de la famille Jeanneret, ces maisons concrétisent les fameux « cinq points de l'architecture nouvelle » (pilotis, toit-jardin, plan libre, fenêtre en longueur, façade libre) énoncés en 1927. Ces villas, associant lieu de vie et lieu de travail, atelier ou encore galerie de peinture, ont fait l'objet d'un travail sur la couleur, notamment en ce qui concerne les murs intérieurs destinés à accueillir des tableaux, dont ceux de Le Corbusier lui-même.

Faute de pouvoir bâtir de grands programmes, l'architecte qui, au tournant des années 1920-1930, pense le collectif, la concentration urbaine et l'habitat social, décline les cellules de son « immeuble-villas » en maisons bourgeoises, échantillons lui servant alors de vitrines.

PRIVATE SPACES

"*I commissioned a 'frame for my collection'. You supplied me with a 'poem in walls'.*"
➜ Raoul La Roche, in a letter addressed
to Le Corbusier and dated 24 May 1926[5]

The villas built by Le Corbusier and Pierre Jeanneret in the 1920s constitute a laboratory for the elaboration of the Corbusian architectural vocabulary and contribute to establishing the reputation of the two architects, cousins, and partners. The Villa Savoye (1928) in Poissy was the consecration of this series and is now a symbol of modern architecture. Commissioned by artists, collectors, and friends of the Jeanneret family, these houses put into practice the famous "five points of new architecture" laid down in 1927 (piles, a rooftop garden, an open plan, horizontal windows, and a free façade). These villas associated living spaces with the workplace, workshop, or studio gallery, and their colour schemes were carefully devised, particularly in terms of the interior walls designed to accommodate paintings, including those by Le Corbusier himself.

The architect was thinking about collective living, urban density, and social housing during the turning-point years of the 1920-1930s. Since he was unable to build major programs, he presented the cells of his "immeuble-villas" as bourgeois homes, and these samples then served to showcase his ideas.

5 — In "Revisiting the Villa La Roche", Tim Benton, Brochure *Villa della Rocca*, Fondation Le Corbusier, 2009, p. 7.

LE CORBUSIER et — and
PIERRE JEANNERET

Maison Ternisien, Boulogne-sur-Seine, façade
— Ternisien House, Boulogne-sur-Seine, façade
1923

Pastel, crayon noir sur calque —
Pastel, black pencil on tracing paper,
51,7 × 124,1 cm

Fondation Le Corbusier, Paris

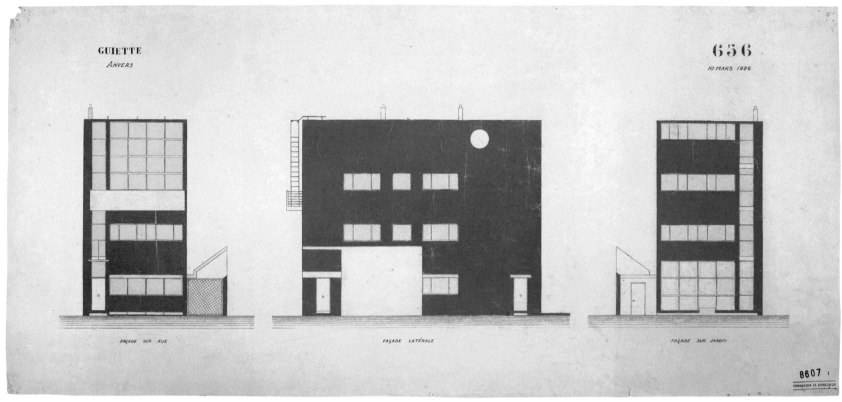

GUIETTE
ANVERS

656
10 MARS 1926

FAÇADE SUR RUE   FAÇADE LATÉRALE   FAÇADE SUR JARDIN

**LE CORBUSIER et — and
PIERRE JEANNERET**

Maison Guiette, Anvers, façades —
Guiette House, Antwerp, façades
1926

Gouache sur papier — Gouache on paper,
48,2 × 106,4 cm

Fondation Le Corbusier, Paris

**LE CORBUSIER et — and
PIERRE JEANNERET**

Maisons La Roche-Jeanneret, Paris,
perspective — *La Roche-Jeanneret Houses*,
Paris, perspective
1923

Crayon noir, pastel sur calque —
Black pencil, pastel on tracing paper,
56,9 × 58,8 cm

Fondation Le Corbusier, Paris

LE CORBUSIER et — and
PIERRE JEANNERET

Villa Stein et de Monzie, « Les terrasses »,
Garches — *Villa Stein and De Monzie,*
"The Terraces", Garches

Tirage photographique — Photographic
print

Centre Pompidou, Bibliothèque
Kandinsky, Paris — Centre Pompidou,
Kandinsky Library, Paris

**LE CORBUSIER et — and
PIERRE JEANNERET**

Villa Cook, Boulogne-sur-Seine, axonométrie
— *Cook Villa*, Boulogne-sur-Seine, axonometry
1926

Gouache sur papier — Gouache on paper,
91,6 × 86,6 cm

Fondation Le Corbusier, Paris

**LE CORBUSIER et — and
PIERRE JEANNERET**

Villa Church, Ville-d'Avray, perspective
intérieure — *Church Villa*, Ville-d'Avray,
interior perspective
1927

Pastel, crayon sur calque —
Pastel and pencil on tracing paper,
68,3 × 102,3 cm

Fondation Le Corbusier, Paris

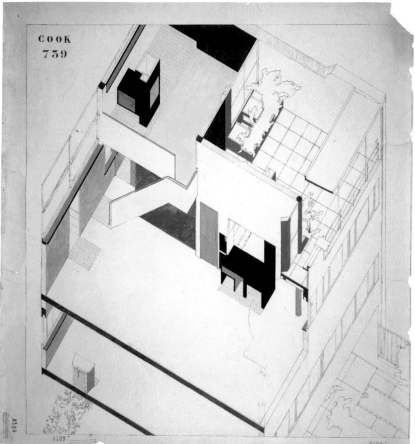

COOK
759

**LE CORBUSIER et — and
PIERRE JEANNERET**

Villa Savoye, Poissy, étude de façade
avec couleurs — *Villa Savoye*, Poissy,
study of façade with colour
1928

Crayon, pastel sur calque — Pastel and
pencil on tracing paper, 72,5 × 110 cm

Fondation Le Corbusier, Paris

**LE CORBUSIER et — and
PIERRE JEANNERET**

Villa Savoye, Poissy

Tirage photographique –
Photographic print

Fondation Le Corbusier, Paris

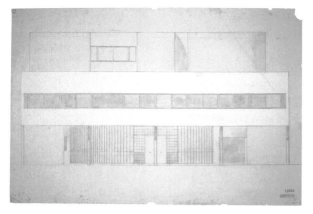

FIGURATIONS DES CORPS

À partir des années 1930, la figure humaine prend place dans le travail pictural corbuséen. Dans la période dite des « objets à réaction poétique », aux objets puristes sont juxtaposés des corps ou certaines de leurs parties (des mains, des pieds), puis la période dite des « femmes » voit la figure, essentiellement féminine, devenir le motif principal de ses toiles. Yvonne, l'épouse de Le Corbusier, est l'un de ses modèles de prédilection. La couleur, vive et contrastée, a sensiblement évolué depuis les œuvres puristes qui faisaient appel aux tons pâles. Ici, la couleur, tout autant que la ligne, détermine l'espace. Finalement, le sujet n'est plus qu'un prétexte au jeu sur l'espace et les nuances colorées.

En architecte, Le Corbusier apporte un soin particulier aux finitions de certaines de ses réalisations en intervenant directement sur les murs. Adepte de la fresque, il en fera également profiter son ami Jean Badovici en s'adonnant à la peinture murale dans ses maisons à Roquebrune-Cap-Martin et à Vézelay.

« Il y a une hiérarchie dans les arts : l'art décoratif est au bas, la figure humaine au sommet. »
➜ Charles-Édouard Jeanneret et Amédée Ozenfant, *Après le cubisme*, 1918[3]

FIGURATION OF BODIES

"There is a hierarchy in the arts: decorative art is at the base, the human figure at the summit."
➜ Charles-Édouard Jeanneret and Amédée Ozenfant, *Après le cubisme*, 1918[6]

From the 1930s onwards, the human figure emerged in Corbusian pictorial work. In the period known as the period of "objects in poetic reaction", bodies or certain body parts (hands, feet) were juxtaposed with Purist objects. Later, the figure – predominantly female – became the main motif of his canvases in the "Women" period. Yvonne, Le Corbusier's wife, was one of his favourite models. His use of colour became lively and contrasting, noticeably evolving from the Purist works that used pale tones. Here, colour, by the same token as line, determined the space. Finally, the subject was now no more than a pretext for playing with space and shades of colour.

In architecture, Le Corbusier took particular care with the finishing touches of some of his productions, by directly intervening on the walls. A fan of frescoes, he also painted some for his friend Jean Badovici at his houses in Roquebrune-Cap-Martin and Vézelay.

3 — Paris, Éditions des Commentaires, 1918.

6 — In Ball, Susan, *Ozenfant and Purism: The Evolution of a style 1915–1930*, Ann Arbor, Michigan, UMI Research Press, 1981, p. 213.

LE CORBUSIER

Le Cirque, femme et cheval —
The Circus, woman and horse
1929

Huile sur toile — Oil on canvas,
81 × 65 cm

Collection Taisei, Tokyo —
Taisei Collection, Tokyo

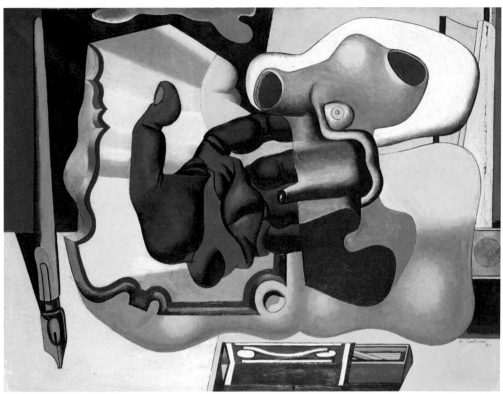

LE CORBUSIER

La Main et le Silex ou *La Main rouge* —
Hand and Silex or *The Red Hand*
1930

Huile sur toile — Oil on canvas,
97 × 130 cm

Collection particulière —
Private collection

LE CORBUSIER

Nature morte dite « harmonique périlleuse » —
Still Life known as "Unbalanced Harmonic"
1929

Huile sur toile — Oil on canvas,
96 × 130 cm

Centre Pompidou, Mnam-CCI, Paris

LE CORBUSIER et — and JOSEPH SAVINA

Le Petit Homme — *The Little Man*
1944

Bois naturel — Natural wood,
40 × 10 × 10 cm

Fondation Le Corbusier, Paris

LE CORBUSIER et — and
JOSEPH SAVINA

Femme — Woman
1953

Bois polychrome — Polychrome wood,
183 × 69 × 20 cm

Fondation Le Corbusier, Paris

LE CORBUSIER

Peinture murale pour la maison de
Jean Badovici à Vézelay — Mural painting
for Jean Badovici's house in Vézelay
1936

Fresque retirée du mur et marouflée
sur toile — Fresco taken from the wall
and mounted on canvas, 253 × 375 cm

Collection Favatier

L'ÉQUIPEMENT DE LA MAISON

« Les objets membres humains sont des objets types répondant à des besoins types. »
→ Le Corbusier, *L'Art décoratif d'aujourd'hui*, 1925[4]

Le Corbusier est à la recherche de solutions types, sobres et standard pour le mobilier. Son « équipement » s'oppose en cela à l'ornementation « Art déco » en vogue dans les années 1920, période pendant laquelle il s'adonne le plus intensément à la création de meubles. Subsiste de cette purification formelle un petit nombre d'objets basiques : casiers pour le rangement, chaises, fauteuils, tables et lits. À partir de 1927, Charlotte Perriand rejoint le duo Le Corbusier-Pierre Jeanneret. Ensemble, ils produisent des pièces en métal tubulaire qui deviennent des références. Ces quelques modèles se veulent universels, la multitude des revêtements et des couleurs disponibles pour chacun offre d'innombrables déclinaisons possibles, adaptées à chaque envie ou usage. Souples, enveloppants, montés sur ressorts ou réglables en hauteur, ces meubles sont ergonomiques, ils s'adaptent au corps, aux différentes manières de s'asseoir et de se mouvoir.

"Human-limb objects are type objects responding to type needs."
→ Le Corbusier, *L'Art Décoratif d'Aujourd'hui*, 1925[7]

HOME AMENITIES

Le Corbusier sought sober and standard solutions for furniture. His "equipment" was opposed in this way to the Art Deco ornamentation in vogue in the 1920s, a period in which he intensely devoted himself to creating furniture. From this formal purification, a small number of basic objects subsist: crates for storage, chairs, armchairs, tables, and beds. From 1927 onwards, Charlotte Perriand joined the Le Corbusier/Pierre Jeanneret duo. Together, they produced works in tubular metal that were to become references. This handful of models was intended to be universal: the multitude of coverings and colours available for each offered countless possible variants, adapted to suit every desire or usage. Supple, encircling, mounted on springs, or adjustable in height, these pieces of furniture are ergonomic, adapting to the body, and to the various different ways of sitting down and moving.

4 — « Besoins-types, meubles-types », *L'Art décoratif d'aujourd'hui*, Paris, G. Crès, 1925, p. 76.

7 — Le Corbusier, *The Decorative Art of Today*, MIT Press, 1987, n. p.

CHARLOTTE PERRIAND

*Étude ergonomique du mobilier par rapport
aux positions du corps — Ergonomic study
of the furniture in relation to body positions*
1928

Photomontage, 28,5 × 22,5 cm

Archives Charlotte Perriand, Paris
— Charlotte Perriand Archives, Paris

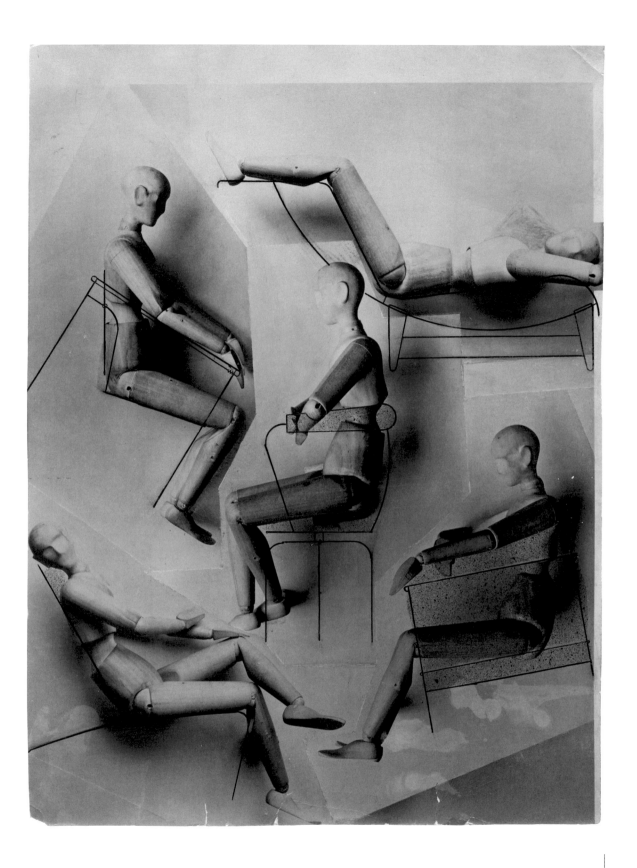

Charlotte Perriand sur la chaise longue basculante — *Charlotte Perriand on the rocking chaise longue*
1928-1929

Archives Charlotte Perriand, Paris — *Charlotte Perriand Archives, Paris*

LE CORBUSIER, PIERRE JEANNERET, CHARLOTTE PERRIAND

Chaise longue B 306
1927-1929

Piètement en acier laqué, structure en acier chromé, assise à réglage continu — *Base in lacquered steel, structure in chrome steel, stepless adjustable seat, 70 × 55 × 160 cm*

Centre Pompidou, Mnam-CCI, Paris

LE CORBUSIER, PIERRE JEANNERET, CHARLOTTE PERRIAND

Table LC7 prototype Thonet — Thonet Prototype Table LC7
1928

Palissandre de Rio et piètement en tube d'avion chromé — *Rio rosewood and lower section in chrome airplane tubing, 70 × 200 × 85 cm*

Collection particulière — *Private collection*

LE CORBUSIER, PIERRE JEANNERET, CHARLOTTE PERRIAND

Salon d'automne, Paris — *Salon d'Automne, Paris*
1929

Photomontage reproduit dans *L'Architecture vivante*, printemps 1930, pl. 9 — *Photomontage reproduced in L'Architecture vivante, spring 1930, pl. 9*

Archives Charlotte Perriand, Paris — *Charlotte Perriand Archives, Paris*

LE CORBUSIER, PIERRE JEANNERET, CHARLOTTE PERRIAND

Fauteuil grand confort LC3, petit modèle — *LC3 "grand confort" armchair*, small model
1928

Cuir et chrome peint — *Leather and painted chrome*. 68 × 74,5 × 70 cm

Archives Charlotte Perriand, Paris — *Charlotte Perriand Archives, Paris*

MODÈLE { LE CORBUSIER, P. JEANNERET, CH. PERRIAND

« *C'est un langage des proportions qui rend compliqué le mal et simple le bien.* »

→ Albert Einstein, à propos du Modulor[5]

LE MODULOR

En 1943, Le Corbusier crée l'Ascoral (Assemblée des constructeurs pour une rénovation architecturale) et mène des recherches sur de nouvelles normes constructives qui aboutissent notamment au Modulor, système de mesure à la taille de l'homme moyen : 183 cm ou 226 cm le bras levé. Diffusé via l'ouvrage *Le Modulor. Essai sur une mesure harmonique à l'échelle humaine applicable universellement à l'architecture et à la mécanique,* publié en 1950, le Modulor est présenté comme une évidence philosophique, mathématique et historique, l'invention corbuséenne reprenant des systèmes classiques. La grille mise en place autour de ce corps standard se compose de carrés, de rectangles d'or, et reprend le processus d'accroissement naturel incarné par la suite de Fibonacci, dans laquelle chaque terme est la somme des deux précédents. Pratique, le Modulor est aussi une figure poétique, dessinée ou inscrite au tampon sur les calques de travail, mais également peinte ou sculptée sur les murs des bâtiments.

"It is a scale of proportions which makes the bad difficult and the good easy."

→ Albert Einstein, on the Modulor, Princeton, 1946[8]

In 1943, Le Corbusier created the ASCORAL (Assemblée des constructeurs pour une rénovation architecturale) and conducted research into new building norms that notably resulted in the Modulor, a system of measurement to the scale of the average man: 183 cm or 226 cm with the arm raised. The Modulor was widely disseminated through the book *The Modulor: A Harmonious Measure to the Human Scale, Universally Applicable to Architecture and Mechanics,* first published in two volumes in English in 1954 and 1958. This Corbusian invention reworking classical systems was presented as an obvious philosophical, mathematical and historical fact. The grid encompassing this standard body consisted of squares and golden rectangles, and it repeated the process of natural growth encapsulated by Fibonacci's sequence, in which each term is the sum of the two previous terms. While practical in nature, the Modulor is also a poetic figure, drawn or stamped onto drafts of technical drawings, as well as painted or sculpted onto the walls of buildings.

5 — Lettre envoyée à Le Corbusier en 1946. Citation reprise dans Willy Boesiger, « Le Modulor », *Le Corbusier. Œuvre complète*, vol. 5, 1946-1952, Zurich, Les Éditions d'architecture, 1953, p. 178.

8 — Letter sent to Le Corbusier (1946); quoted in *The Modulor: A Harmonious Measure to the Human Scale, Universally Applicable to Architecture and Mechanics*, Basel, Boston, Birkhäuser, 1954, p. 58.

LE CORBUSIER

Le Modulor, dessin pour illustrer l'ouvrage
Le Modulor. Essai sur une mesure harmonique
à l'échelle humaine applicable universellement
à l'architecture et à la mécanique —
The Modulor, drawing to illustrate the book
The Modulor: A Harmonious Measure
to the Human Scale, Universally Applicable
to Architecture and Mechanics
1945

Encre de Chine et crayon noir et
bleu sur calque — Indian ink and black
and blue pencil on tracing paper,
39,3 × 59,5 cm

Fondation Le Corbusier, Paris

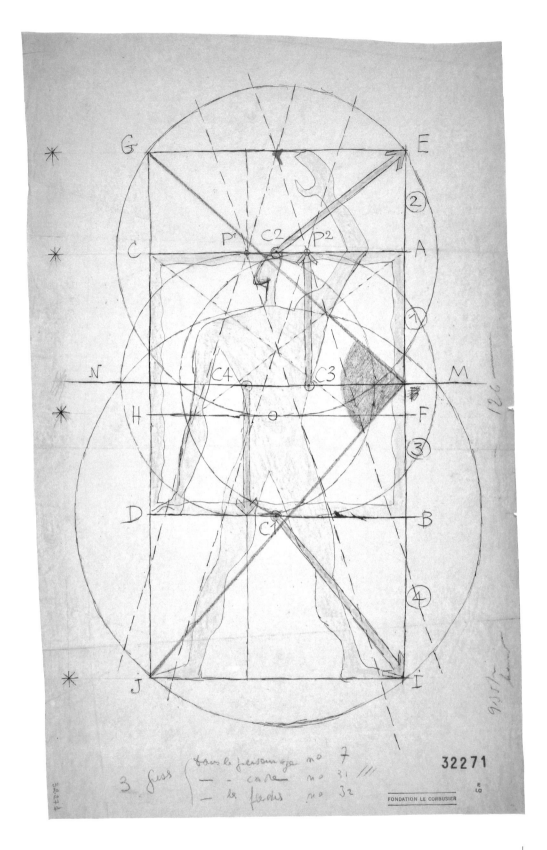

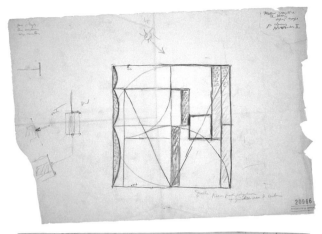

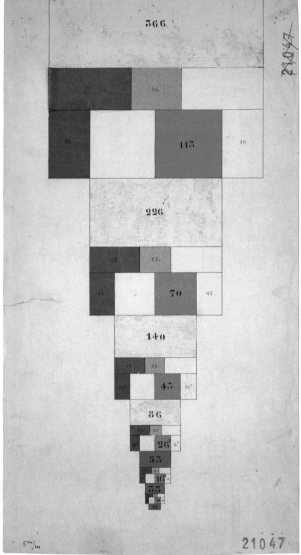

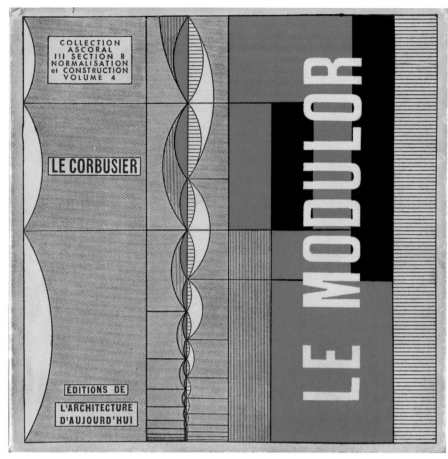

LE CORBUSIER

Modulor II
s.d. — n.d.

Crayons noir et couleur sur
calque — Black and coloured pencil
on tracing paper, 59,6 × 40,9 cm

Fondation Le Corbusier, Paris

LE CORBUSIER

Modulor, étude de l'échelle — *The Modulor*,
study of scale
1945

Gouache, film synthétique autoadhésif
et encre noire sur papier — Gouache,
synthetic self-adhesive film and black
ink on paper, 25,5 × 45,8 cm

Fondation Le Corbusier, Paris

LE CORBUSIER

Couverture de *Le Modulor*, Boulogne-sur-Seine,
Éd. de L'Architecture d'aujourd'hui, 1950 —
Cover of *The Modulor*, Boulogne-sur-Seine,
Ed. *L'Architecture d'aujourd'hui*, 1950

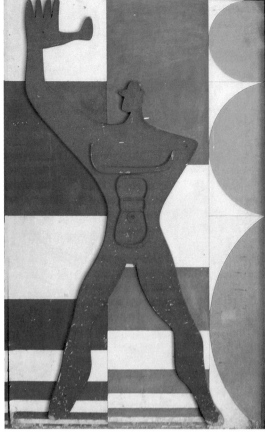

LE CORBUSIER

Le Modulor, modèles en bois pour empreinte dans le béton — *The Modulor*, wooden models for concrete imprint
1957

Tirage photographique — Photographic print

Fondation Le Corbusier, Paris

LE CORBUSIER

Le Modulor, découpe sur panneau peint — *The Modulor*, cut out on painted panel
1955

Bois et peinture industrielle — Wood and industrial paint, 246 × 135,7 × 33,5 cm

Collection Barberis — Barberis Collection

Le Corbusier dessinant au tableau noir des Modulor — *Le Corbusier drawing Modulors on the blackboard*
1957

Photographie de Lucien Hervé — Photograph by Lucien Hervé

Fondation Le Corbusier, Paris

L'UNITÉ D'HABITATION

« L'unité d'habitation de grandeur conforme » est l'aboutissement des recherches sur la cellule entreprises par Le Corbusier depuis les ateliers d'art de La Chaux-de-Fonds. Elle est inspirée par l'idéal monastique de la Chartreuse de Galluzzo (Italie), ou par le paquebot, modèle de technicité et de vie en communauté expérimenté par Le Corbusier lors d'une traversée de l'Atlantique sur le *Normandie*. Maison « Dom-ino », « maison minimum » ou « maison montée à sec » sont autant de prototypes qui se concrétisent en s'agglomérant à grande échelle, et s'insèrent dans les programmes de reconstruction de l'après-guerre. Économique, « l'unité » compte un maximum de logements pour une faible surface au sol. Sa structure « casier à bouteilles » accueille 337 logements pour la Cité radieuse de Marseille. Dotée de services (jardin d'enfant, terrain de jeu, gymnase, commerces desservis par une rue intérieure), elle est une ville verticale. Inaugurée en 1952, l'unité de Marseille vaut d'importantes polémiques à son créateur mais aussi la Légion d'honneur, remise par Eugène Claudius-Petit, ministre de la Reconstruction.

« La maison a deux fins. C'est d'abord une machine à habiter, c'est-à-dire une machine destinée à nous fournir une aide efficace pour la rapidité et l'exactitude dans le travail, une machine diligente et prévenante pour satisfaire aux exigences du corps : confort. Mais c'est ensuite le lieu utile pour la méditation, et enfin le lieu où la beauté existe et apporte à l'esprit le calme qui lui est indispensable [...]. »
→ Le Corbusier, *Almanach d'architecture moderne*, 1926, Paris, G .Crès, 1925.

HOUSING UNIT

"A home has two purposes. Firstly, it is a machine for living; that is, a machine designed to provide us with efficient support for carrying out our work quickly and precisely, an industrious and attentive machine that satisfies a basic human need: comfort. But it is also a useful place for meditation and a place of beauty, providing the spirit with a vital sense of peace [...]."
→ Le Corbusier, *Almanach d'Architecture Moderne*, 1926[9]

The "housing unit of proportional size" is the result of the research on cells undertaken by Le Corbusier at the art studios in La Chaux-de-Fonds. It was inspired by the monastic ideal of the Florence Charterhouse (Certosa del Galluzzo, Italy) or by the luxury liner: a technical and communal living model that Le Corbusier experimented with during an Atlantic crossing aboard the *Normandie*. The "Dom-ino" house, "minimum house" or "prefabricated house" constitute a number of prototypes that were produced through agglomeration on a large scale, by becoming a part of the post-war reconstruction programs. The "unit" is economical, containing a maximum amount of housing for a relatively small surface area. For instance, the "bottle rack" structure of the Cité radieuse in Marseilles accommodates 337 homes. It is a vertical city, providing a number of services (a kindergarten, sports field, gymnasium, and shops served by an inner street). Inaugurated in 1952, the Marseilles unit earned its creator a great deal of controversy but also the Legion of Honour, awarded by Eugène Claudius-Petit, the minister in charge of the Reconstruction.

9 — Our translation, adapted from the partial citation in *The Quartiers Modernes Frugès*, trans. Sarah Parsons, Basel, Boston, Berlin, Birkhaüser, Fondation Le Corbusier, 1998, p. 126.

LE CORBUSIER

Unité d'habitation, Berlin, Tiergarten —
Housing Unit, Berlin, Tiergarten
1957-1958

Maquette en bois — Wooden model,
55 × 122 × 90 cm

Centre Pompidou, Mnam-CCI, Paris

LE CORBUSIER

Maison Dom-Ino, perspective
d'une ossature type — *Dom-Ino House*,
perspective of a standard framework
1914

Encre noire sur calque — Black ink
on tracing paper, 44,8 × 58,1 cm

Fondation Le Corbusier, Paris

LE CORBUSIER

Unité d'habitation, Marseille, étude de
polychromie — *Housing Unit*, Marseilles,
study of polychromy
1945

Crayon noir et gouache sur papier —
Black pencil and gouache on paper,
54,1 × 87,3 cm

Fondation Le Corbusier, Paris

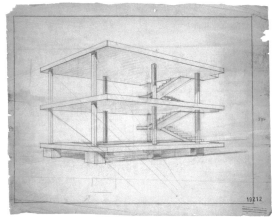

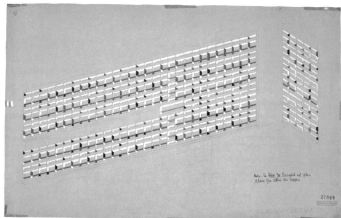

LE CORBUSIER

Unité d'habitation, Marseille — *Housing Unit,* Marseilles

Photographie de Marcel Roux, s.d. — Photograph of Marcel Roux, n.d.

Fondation Le Corbusier, Paris

LE CORBUSIER

Unité d'habitation, Marseille — *Housing Unit,* Marseilles

Photographie de Lucien Hervé, s.d. — Photograph of Lucien Hervé, n.d.

Fondation Le Corbusier, Paris

CI-CONTRE — OPPOSITE

LE CORBUSIER

Unité d'habitation, Marseille — *Housing Unit,* Marseilles

Photographie de Louis Sciarli, s.d. — Photograph of Louis Sciarli, n.d.

Fondation Le Corbusier, Paris

LA PÉRIODE ACOUSTIQUE

« C'est une espèce de sculpture "de nature acoustique", c'est-à-dire projetant au loin l'effet de ses formes, et par retour, recevant la pression des espaces environnants. »
➜ Le Corbusier, « Plastique et poétique », dans Willy Boesiger, *Le Corbusier. Œuvre complète,* vol. 5, 1946-1952

Dans les années 1940, la peinture corbuséenne entre dans sa période dite « acoustique ». Des toiles titrées *Ubu* ou *Ozon*, mettent en scène des personnages ressemblant à de grandes oreilles. La peinture sonne, l'œuvre résonne. L'héritage psychophysique de « Corbu » est perceptible dans ce concept d'acoustique qui induit une synthèse des sens advenant dans l'expérience spatiale, où la vue, l'ouïe, le toucher entrent en jeu et engendrent un sentiment d'harmonie. De sa rencontre avec l'ébéniste et sculpteur breton Joseph Savina, naît une série de sculptures inspirées par les sujets peints avec, pour commencer, la réalisation du *Petit Homme* dont la forme est tirée de la *Nature morte « Harmonique périlleuse »* (1931, repr. p. 26). Impliqué dans les recherches formelles acoustiques, Savina apporte sa maîtrise du matériau et Le Corbusier ses talents de coloriste.
De retour de New York en 1947, ce dernier peint une fresque (repr. p. 43) dans son atelier de la rue de Sèvres pour satisfaire à la demande de ses collaborateurs désireux d'égayer le lieu.

THE ACOUSTIC PERIOD

"It is a kind of acoustic sculpture, in other words it projects its forms into the distance and in return receives the answering pressure of the surrounding spaces."
➜ Le Corbusier, "Plastique et Poétique", in Willy Boesiger, *Le Corbusier: Œuvre complète,* vol. 5, 1946-1952[10]

In the 1940s, Corbusian painting entered what was known as its "acoustic" period. Paintings entitled *Ubu* or *Ozon* staged characters resembling giant ears. Painting struck, and the whole body of work resonated. The psychophysical heritage of "Corbu" is perceptible in this acoustic concept that implies a synthesis of the senses involved in the spatial experience, in which sight, hearing, and touch come into play and engender a feeling of harmony. From his meeting with the Breton cabinetmaker and sculptor Joseph Savina emerged a series of sculptures inspired by painted subjects, to start with the production of the *Petit Homme* [Little Man], whose form was taken from the still life *Harmonique périlleuse* [Unbalanced Harmonic] (1931, repr. p. 26). Savina was involved in formal acoustic research and contributed his mastery of materials while Le Corbusier applied his talents as a colourist.
Back in New York in 1947, Le Corbusier painted a fresco (repr. p. 43) in his studio on Rue de Sèvres, in order to satisfy the requests from his associates, who were keen to brighten the place up.

10 — In *The Chapel of Ronchamp,* Paris, Boston, Fondation Le Corbusier, Birkhaüser, 1997, p. 110.

LE CORBUSIER

Ubu IV
1940-1944

Huile sur toile — Oil on canvas,
100 × 80 cm

Centre Pompidou, Mnam-CCI, Paris

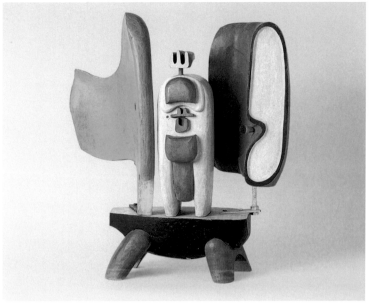

LE CORBUSIER

Ozon II
1940-1962

Bois peint — Painted wood,
80 × 80 × 35 cm

Fondation Le Corbusier, Paris

LE CORBUSIER

Ubu
1947

Bois naturel — Natural wood,
91,5 × 49 × 47 cm

Fondation Le Corbusier, Paris

Le Corbusier et Joseph Savina au travail,
Tréguier, 19 mars 1963 — Le Corbusier and
Joseph Savina at work, Tréguier, 19 March 1963

Tirage photographique — Photographic
print

Fondation Le Corbusier, Paris

LE CORBUSIER

*Peinture murale de l'atelier rue de Sèvres
— Mural painting in the Rue de Sèvres studio*
1948

Huile sur panneaux — Oil on panels,
382 × 350 cm

Fondation Le Corbusier, Paris

Le Corbusier réalisant la peinture murale
dans l'atelier de la rue de Sèvres — Producing
the mural painting in the Rue de Sèvres studio
1948

Tirage photographique — Photographic
print

Fondation Le Corbusier, Paris

RÉSONNANCE SPIRITUELLE   SPIRITUAL RESONANCE

À l'Exposition universelle de Bruxelles en 1958, le pavillon Philips, illustrant les performances technologiques de la marque, présente le *Poème électronique*, spectacle son et lumière signé Le Corbusier. Iannis Xenakis, alors collaborateur de l'architecte, est chargé du projet. Edgar Varèse compose la musique. L'expérience architecturo-sensorielle est sans doute « la première manifestation d'un art nouveau : "Les Jeux électroniques", synthèse illimitée de la couleur, de l'image, de la musique, de la parole, du rythme[7] ».

Athée, Le Corbusier a bâti pour le clergé, encouragé par le dynamisme du père Couturier. Sise sur une colline de Franche-Comté, la chapelle Notre-Dame du Haut, à Ronchamp, est une sculpture pour laquelle, selon son auteur, « la nature des formes était une réponse à une psychologie de la sensation[8] ». Le couvent de La Tourette (Rhône-Alpes) doit, pour sa part, « loger cent cœurs et cent corps dans le silence ». Dans ce bâtiment brutaliste, portant les traces des aléas du chantier, le rôle notoire de la lumière et du rythme révèle une nouvelle fois le talent de Iannis Xenakis guidé par les esquisses corbuséennes.

« Lorsqu'une œuvre est à son maximum d'intensité, de proportion, de qualité d'exécution, de perfection, il se produit un phénomène d'espace indicible : les lieux se mettent à rayonner, physiquement ils rayonnent. Ils déterminent ce que j'appelle "l'espace indicible", c'est-à-dire un choc qui ne dépend pas des dimensions mais de la qualité de perfection. C'est du domaine de l'ineffable. »
➔ Le Corbusier, « Entretien sur le couvent de La Tourette. "J'étais venu ici…" », dans *L'Art sacré*, n° 7-8, 1er trimestre 1960

"When a work reaches a maximum of intensity, when it has the best proportions and has been made with the best quality of execution, when it has reached perfection, a phenomenon takes place that we may call 'ineffable space' [...] that is to say, a space that does not depend on dimensions but on the quality of its perfection. It belongs in the domain of the ineffable, of that which cannot be said."
➔ Le Corbusier, "Entretien sur le Couvent de La Tourette. 'J'étais venu ici'", in *L'Art sacré*, n° 7-8, 1st semester 1960[11]

At the Brussels International Exposition in 1958, the Philips Pavilion, illustrating the technological performances of the brand, presented the *Electronic Poem*, a sound and light show created by Le Corbusier. Iannis Xenakis, the then associate of the architect, coordinated the project. Edgar Varèse composed the music. The architectural/sensorial experience was doubtless "the first appearance of a new art form: 'The Electronic Games', a synthesis unlimited in its possibilities for colour, imagery, music, words and rhythm".[12]

An atheist, Le Corbusier built for the clergy, encouraged by the energy of Father Couturier. Seated on a hill in Franche-Comté, the Notre-Dame du Haut Chapel, in Ronchamp, is a sculpture for which, according to its author, "the nature of forms was a response to a psychology of sensations". For its part, the La Tourette Convent (Rhône-Alpes, France) had to "create a silent dwelling place for one hundred bodies and one hundred hearts".[13] In this Brutalist building, bearing traces of the mishaps of its construction, the notorious role of light and rhythm once again reveals the talent of Iannis Xenakis guided by the Corbusian sketches.

7 — « Le Pavillon Philips à l'Exposition universelle de Bruxelles », dans W. Boesiger, *Le Corbusier. Œuvre complète*, vol. 6, 1958, p. 200-201.
8 — « La chapelle de Ronchamp, 1950-1953 », dans W. Boesiger, *Le Corbusier. Œuvre complète*, vol. 5, p. 72.

11 — In André Wogenscky, *Le Corbusier's Hands*, trans. Martina Milla Bernad, MIT Press, 2006.

12 — In Willy Boesiger (ed.), *Le Corbusier, 1910-1960*, New York, George Wittenborn, 1960, p. 236.
13 — In Anthony Flint, *Modern Man: The Life of Le Corbusier, Architect of Tomorrow*, Boston, Haughton Miffin Harcourt, 2014

LE CORBUSIER

Chapelle Notre-Dame du Haut, Ronchamp

Photographie de Charles Bueb, 1958
— Photograph by Charles Bueb, 1958
Éd. Facteur humain

LE CORBUSIER

Chapelle Notre-Dame du Haut, Ronchamp
1950

Maquette en plâtre — Plaster model,
36 × 61 × 56 cm

Centre Pompidou, Mnam-CCI, Paris.
Don de Le Corbusier et du Syndicat
d'initiative de la Ville de Lyon, 1956
— Gift from Le Corbusier and from
the Syndicat d'Initiative de la Ville
de Lyon, 1956

LE CORBUSIER

Intérieur de la chapelle de Ronchamp
— Interior of the Ronchamp Chapel

Photographie de Hans Silvester
— Photograph by Hans Silvester

Fondation Le Corbusier, Paris

Couvent Sainte-Marie de La Tourette,
Eveux-sur-l'Arbresle — *Sainte-Marie de
La Tourette Convent*, Eveux-sur-l'Arbresle

Tirage photographique, s.d.
— Photographic print, n.d.

Fondation Le Corbusier, Paris

LE CORBUSIER et — and
IANNIS XENAKIS

Pavillon Philips, **Exposition universelle
de Bruxelles** — *Philips Pavilion,* **Brussels
International Exposition**
1958

Tirage photographique — Photographic
print

Fondation Le Corbusier, Paris

LE CORBUSIER

*Ambiance générale, images préparatoires
pour le film* Le Poème électronique — *General
atmosphere, preparatory images for the film*
Le Poème électronique
1957

Crayon, collage et photomontage
sur papiers colorés, 14 × 23 cm
env. chacun — Pencil, collage
and photomontage on coloured paper,
14 × 23 cm approx. each

Fondation Le Corbusier, Paris

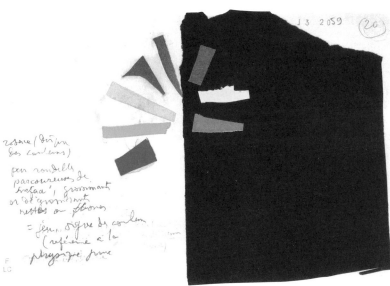

VILLE HUMANISTE

« Le Corbusier est un artiste complet, perpétuellement curieux de synthèse, un humaniste qui, quels que soient les moyens qu'il exerce et la fin particulière à quoi ceux-ci s'appliquent, demeure dans les dimensions de l'homme et dans l'observation de ses lois, de ses besoins, de son régime. [...] Témoin et confesseur, ouvrier qualifié en toute spécialité, créateur encyclopédique, humaniste d'une constante Renaissance, Le Corbusier révèle les structures composées auxquelles il doit parvenir dans l'établissement de sa cité future. »
➜ Jean Cassou, 1953[9]

Après toute une vie de réflexion sur la question urbaine, Le Corbusier, associé à son cousin Pierre Jeanneret et aux architectes Maxwell Fry et Jane Drew, se voit confier en 1950 la construction de Chandigarh, capitale de l'État du Pendjab, symbole de modernité et de paix dans une région divisée, ville à bâtir de toutes pièces sur un terrain désert avec, au loin, la chaîne de l'Himalaya. Jawaharlal Nehru désire une « ville nouvelle, symbole de la liberté de l'Inde, affranchie des traditions du passé, expression de la foi de la nation en l'avenir ». Sur cet immense chantier, Le Corbusier confie les zones d'habitation à ses collaborateurs et se concentre sur les lieux du pouvoir : Secrétariat, palais de l'Assemblée et Haute Cour de justice. Érigé vingt ans après la mort de l'architecte sur l'esplanade prévue à cet effet, et grâce à une souscription internationale, le monument *La Main ouverte*, « pour recevoir et pour donner », est un symbole de l'œuvre corbuséenne.

9 — Introduction à
*Le Corbusier. Œuvres
plastiques*, cat. expo.,
Paris, Musée national
d'art moderne, 1953.

A HUMANIST CITY

"Le Corbusier is a total artist who is perpetually curious about synthesis, a humanist who remains within human dimensions and within the observation of our laws, needs, and systems, irrespective of the means he deploys and the particular outcome that these apply to. [...] A witness and confessor, a worker qualified in any speciality field, an encyclopaedic creator, a humanist in an ongoing Renaissance, Le Corbusier reveals the composed structures that he must attain for the establishment of his future city."
➜ Jean Cassou, 1953[14]

After a lifetime exploring the urban question, Le Corbusier, along with his associate and cousin Pierre Jeanneret and architects Maxwell Fry and Jane Drew, was finally entrusted in 1950 with the construction of Chandigarh, the capital of the Punjab state, a symbol of modernity and peace in a divided region, a city forged from any available material, on desert terrain, with the Himalaya ranges visible in the distance. Jawaharlal Nehru wanted a "new town, symbolic of the freedom of India, unfettered by the traditions of the past, an expression of the nation's faith in the future".[15] On this immense construction site, Le Corbusier assigned residential areas to his associates and focused on the sites of power: Administration department, the Palace of Assembly, and the High Court of Justice. The Open Hand Monument "of giving and receiving" was erected twenty years after the architect's death, with the help of foreign aid, on a purpose-built esplanade. It is a symbol of Le Corbusier's work.

14 — *Introduction à
Le Corbusier. Œuvres
plastiques*, exh. cat.,
Paris, Musée National
d'Art Moderne, 1953.
(Our translation.)
15 — David Watkin,
*A History of Western
Architecture*, London,
Laurence King Publishing,
1986, p. 651.
(Our translation.)

FACADE OUEST.

5735
FONDATION LE CORBUSIER

ETUDE TOUR D'OMBRE

LE CORBUSIER

Façade de la Tour d'ombres, Chandigarh
— *Façade of the Tour d'ombres,* Chandigarh
1951

Crayon noir sur calque — Black pencil
on tracing paper, 41,1 × 53,5 cm

Fondation Le Corbusier, Paris

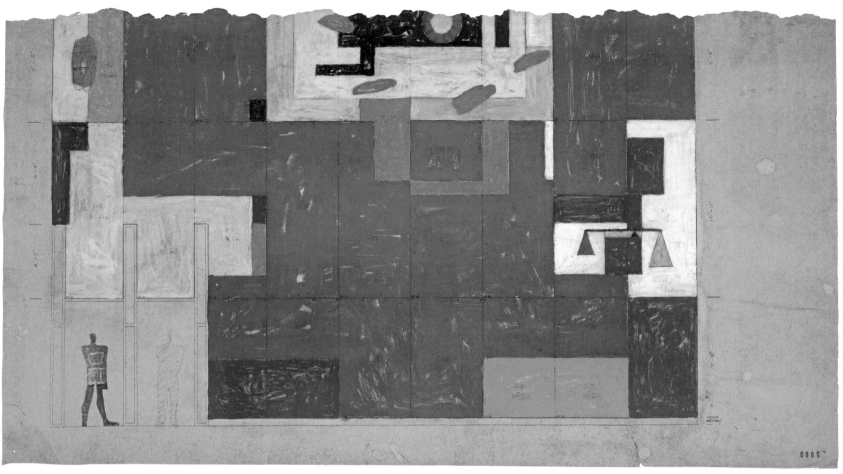

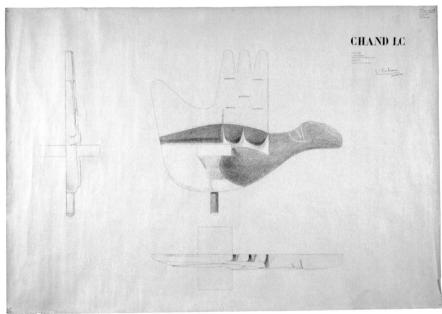

LE CORBUSIER

Haute Cour, Chandigarh — *High Court, Chandigarh*

Photographie de Véra Cardot et Pierre Joly, s.d. — Photograph by Véra Cardot and Pierre Joly, n.d.

Centre Pompidou, Bibliothèque Kandinsky, fonds Cardot-Joly, Paris — Centre Pompidou, Kandinsky Library, Cardot-Joly collection, Paris

LE CABANON

« Le 30 décembre 1951, sur un coin de table dans un petit "casse-croûte" de la Côte d'Azur, j'ai dessiné, pour en faire cadeau à ma femme pour son anniversaire, les plans d'un "cabanon" que je construisis l'année suivante sur un bout de rocher battu par les flots. Ces plans (les miens) ont été faits en ¾ d'heure. Ils sont définitifs ; rien n'a été changé ; le cabanon a été réalisé sur une mise au propre de ces dessins. Grâce au Modulor, la sécurité de la démarche fut totale. »
→ Le Corbusier[10]

En 1952, Le Corbusier construit à Roquebrune-Cap-Martin, à quelques mètres de la villa E 1027 d'Eileen Gray et de Jean Badovici, une minuscule maison en bois de 15 m² dans laquelle il vit pendant la belle saison jusqu'à sa disparition le 27 août 1965. Dans ce décor idyllique, entre Monaco et Menton, à deux pas de la mer, et dans une végétation méditerranéenne luxuriante, les amis se retrouvent à *L'Étoile de mer*, guinguette située entre les deux demeures. Bardé de bois et construit selon les principes du Modulor, le Cabanon fait 366 × 366 cm au sol et 226 cm de hauteur. Il contient deux lits, une table, quelques rangements, un lavabo et un WC. Cette cabane a été fabriquée en Corse, puis démontée et transportée par bateau, avant d'être reconstruite sur le site. Au-dessus de la villa E 1027, Le Corbusier conçoit également des bungalows, ensemble de cellules agglomérées, en bois, destinées à accueillir des touristes pendant l'été. C'est le projet « Roq et Rob » (1949).

"On 30 December 1951, on the corner of a table in a little café on the Cote d'Azur, I drew, as a birthday present for my wife, the plans of a hut which I built the following year on the top of a rock lapped by the waves. [...] They were definitive; nothing was altered; the hut was built directly from these plans. Thanks to the Modulor, the scheme worked out perfectly."
→ Le Corbusier[16]

In 1952, Le Corbusier built a tiny wooden house measuring 15 m² at Roquebrune-Cap-Martin, several metres from Eileen Gray and Jean Badovici's E1027 villa. He lived in "the hut" during the summer seasons, up until his death on 27 August 1965. In this idyllic setting, between Monaco and Menton, a hop, skip and jump from the sea, surrounded by dense Mediterranean vegetation, the friends would meet at *L'Étoile de mer*, an open-air café located between the two homes. Covered with wood both inside and out and built according to the principles of the Modulor, the Cabanon measured 366 × 366 cm on the floor and stood 226 cm high. It contained two beds, a table, a few storage areas, a hand basin and toilet. The hut was made in Corsica, then deconstructed and transported by boat, before being rebuilt on site. Above the villa E1027, Le Corbusier also designed bungalows, a series of agglomerated wooden cells, designed to host tourists during the summer. This was the "Roq and Rob" project (1949).

10 — Le Corbusier, *Modulor 2. La parole aux usagers*, Boulogne-Billancourt, Éditions de L'Architecture d'aujourd'hui, 1955, p. 252.

16 — Le Corbusier, *in Le Corbusier: Architect of the Century*, exhibition catalogue, London, Art Council of Great Britain, 1987, p. 70.

Le Corbusier à la fenêtre de son Cabanon,
Roquebrune-Cap-Martin — Le Corbusier
at the window of his Cabanon [the Hut],
Roquebrune-Cap-Martin

Tirage photographique, s.d.
— Photographic print, n.d.

Fondation Le Corbusier, Paris

Le Corbusier à Roquebrune-Cap-Martin —
Le Corbusier in Roquebrune-Cap-Martin

Photographies de Lucien Hervé,
planche contact, s.d. — Photographs
by Lucien Hervé, contact print, n.d.

Fondation Le Corbusier, Paris

Le Corbusier à sa table de travail dans
le Cabanon — Le Corbusier at his workbench
in the Cabanon [the Hut]
1952

Photographie de Lucien Hervé —
Photograph by Lucien Hervé

Fondation Le Corbusier, Paris

BIOGRAPHIE
ÉLÉMENTS CHOISIS

1887-1906

Né le 6 octobre 1887 à La Chaux-de-Fonds, d'un père artisan dans l'industrie horlogère et d'une mère pianiste, Charles-Édouard Jeanneret (futur Le Corbusier) suit une formation de gravure-ciselure sur montres, avant de rejoindre en 1904 le cours de Charles L'Eplattenier, qui enseigne la décoration sous différentes formes. Le jeune homme s'oriente finalement vers l'architecture.

Réalisation : villa Fallet à La Chaux-de-fonds, 1905, en collaboration avec l'architecte René Chapallaz.

1907-1908

Voyages d'étude en Italie, à Vienne, en Allemagne et en France. En Toscane, il visite la Chartreuse d'Ema, un modèle d'organisation monastique dans lequel il puise déjà le concept de sa future cellule d'habitation. Dans son périple, il rencontre Josef Hoffmann, Tony Garnier, Frantz Jourdain, Henri Sauvage, Eugène Grasset, puis il entre comme dessinateur chez Auguste et Gustave Perret.

Réalisations : en 1908, il achève les villas Jacquemet et Stotzer conçues depuis Vienne et réalisées à La Chaux-de-Fonds avec René Chapallaz.

1909-1910

De retour à La Chaux-de-Fonds, il conçoit les « ateliers d'art réunis », modules pouvant s'agglomérer en fonction des besoins. Non réalisé, le projet propose d'offrir un espace plus rationnel à ses camarades artistes et artisans. En 1910, il entreprend un second voyage en Allemagne avec comme mission l'étude du Deutscher Werkbund, mouvement pour la promotion de l'innovation dans les arts appliqués et l'architecture fondé par Hermann Muthesius en 1907. Il travaille alors dans l'atelier de Peter Berhens, où séjourneront également Walter Gropius et Ludwig Mies van der Rohe. À Munich, il se lie d'amitié avec l'écrivain William Ritter. À Hellerau, où son frère Albert Jeanneret enseigne la rythmique aux côtés du compositeur et musicien, créateur de la rythmique corporelle Émile Jaques-Dalcroze, Charles-Édouard rencontre Heinrich Tessenow, l'architecte de la cité-jardin expérimentale sise près de Dresde. Il entame la rédaction du manuscrit de *La Construction des villes*.

1911-1912

Lors de son voyage en Orient, accompagné par son ami l'historien de l'art Auguste Klipstein, il découvre l'Acropole : la colonnade du Parthénon le fascine par son rythme.

Réalisations : de retour en Suisse en 1912, il construit pour ses parents la villa Jeanneret-Perret, dite « Maison blanche », à La Chaux-de-Fonds, puis la villa Favre-Jacquot au Locle (Suisse).

Publication : *Étude sur le mouvement d'art décoratif en Allemagne*, 1912.

1914-1916

Premières études sur la cellule d'habitation via la maison « Dom-ino », système d'ossature standardisée et préfabriquée.

Réalisation : la villa Schwob (La Chaux-de-Fonds, 1916), dont la structure en béton armé applique les principes du brevet Dom-ino.

1917-1920

Installation définitive à Paris. En 1918, il y rencontre Amédée Ozenfant, ainsi que d'autres artistes : Pablo Picasso, Georges Braque, Jacques Lipchitz ou encore Juan Gris. Il peint *La Cheminée* (repr. p. 9), toile qu'il considère comme son premier tableau et dont le sujet central, un cube, n'est pas sans rappeler sa vision du Parthénon. Il publie avec Ozenfant *Après le cubisme* (1918), manifeste du mouvement puriste, dont ils sont les créateurs. Les deux amis exposent leurs toiles à la galerie Thomas, et, en 1919, fondent la revue *L'Esprit nouveau* avec le poète Paul Dermée.
En 1920, Charles-Édouard Jeanneret prend le pseudonyme Le Corbusier pour signer son texte « Trois rappels à MM. les architectes ». Il conçoit la maison Citrohan et fait la connaissance de Fernand Léger.

1922-1924

Début de la collaboration avec Pierre Jeanneret, son cousin architecte. Ils travailleront ensemble jusqu'en 1940 puis collaboreront à nouveau sur le chantier de Chandigarh (dès 1950). Rencontre Yvonne Gallis, qu'il épousera huit ans plus tard. Il conçoit le projet de « ville de 3 millions d'habitants » qu'il expose au Salon d'automne en 1922. Exposition de ses peintures à la galerie L'effort moderne de Léonce Rosenberg, à Paris, en compagnie d'Amédée Ozenfant. En 1924, installation de l'atelier au 35 rue de Sèvres.

Réalisations : maison Besnus (Vaucresson, 1922), maison-atelier du peintre Amédée Ozenfant (Paris, 1923), maison « Le lac » à Corseaux (Canton de Vaud, Suisse) pour ses parents.

Publications : *Vers une architecture*, 1923 ; *Urbanisme*, 1924.

1925-1927

Présentation du pavillon de l'Esprit nouveau avec le projet de Plan Voisin à l'Exposition internationale des arts décoratifs de Paris. Théorise les « cinq points d'une nouvelle architecture », qu'il mettra en pratique dans nombre de ses bâtiments : pilotis, toit-jardin, plan libre, fenêtre en longueur, façade libre.

Réalisations : villa La Roche-Jeanneret (Paris, 1923-1925), villa-atelier Lipchitz-Miestchaninoff (Boulogne-sur-Seine, 1923), maison Planeix (Paris, 1924), habitations ouvrières à Pessac pour l'industriel bordelais Henri Frugès (1925), villa Cook et maison Ternisien (Boulogne-sur-Seine, 1926), Cité de refuge pour l'Armée du Salut (Paris, 1926), maison Guiette (Anvers, 1926), villa Stein et de Monzie (Garches, 1926), deux villas dans la cité du Weissenhof à Stuttgart, commandées par le Deutscher Werkbund (1927), villa Church (Ville-d'Avray, 1927), pavillon Nestlé (Paris, 1927).

Publications : *L'Art décoratif d'aujourd'hui* et *Almanach d'architecture moderne* (1925), deux ouvrages appuyant la réaction corbuséenne contre les arts décoratifs et reprenant ses travaux présentés lors de l'Exposition internationale des arts décoratifs.

1928

Il fonde avec Siegfried Giedon les Ciam (Congrès internationaux d'architecture moderne) au château de La Sarraz, près de Lausanne. Dix congrès prônant une fonctionnalité architecturale et urbanistique auront ainsi lieu jusqu'en 1956.

Réalisations : villa Baizeau (Carthage, 1928), Centrosoyus ou Palais des soviets à Moscou (1928), villa Savoye (Poissy, 1928).

Publication : *Une maison, un palais. À la recherche d'une unité architecturale* (1928) à la suite du rejet de son projet pour la Société des Nations à Genève.

1929

Au Salon d'automne de Paris, Le Corbusier, Pierre Jeanneret et Charlotte Perriand présentent leurs meubles : fauteuil tournant, basculant, et Grand Confort, chaise longue, table Tube d'avion.

Publication : Willy Boesiger et Oscar Storonov publient *Le Corbusier. Œuvre complète, 1910-1929*, premier ouvrage d'une série de huit volumes retraçant les recherches et réalisations de Le Corbusier.

1930-1932

Le Corbusier se fait naturaliser français. Il travaille sur le projet d'urbanisme d'Alger.

Réalisations : appartement de Charles de Beistegui (Paris, 1929), maison au Pradet près de Toulon pour Hélène de Mandrot, marraine des Ciam (1929), Pavillon suisse (Cité internationale universitaire de Paris, 1930), immeuble de la rue Nungesser et Coli (Paris, 1931), immeuble Clarté (bâtiment d'habitation avec une structure métallique commandé par l'industriel Edmond Wanner, Genève, 1932).

Publications : *Précisions sur un état présent de l'architecture et de l'urbanisme*, Paris, G. Crès, 1930, *Salubra, claviers de couleur,* 1931.

1933-1938

Rencontre avec l'ébéniste et sculpteur breton Joseph Savina. Organisation d'une exposition d'art primitif avec Louis Carré dans son immeuble de la rue Nungesser et Coli à Paris.

Réalisations : maison de week-end (La Celle-Saint-Cloud, 1934), villa Le Sextant (Les Mathes, 1935), fresque dans la maison de Jean Badovici à Vézelay (1936), Pavillon des Temps nouveaux à l'Exposition internationale de Paris (1937), peinture murale dans la villa E 1027 d'Eileen Gray et de Jean Badovici à Roquebrune-Cap-Martin (1938).

Publications : *La Ville radieuse* et *Aircraft* (1935), *Quand les cathédrales étaient blanches*.

Voyage au pays des timides (1937), *Des canons, des munitions ? Merci ! Des logis, svp* (1938).

1941-1943

S'installe à Vichy où il est temporairement chargé d'une mission pour le comité d'étude de l'habitation et de la construction immobilière. En juillet 1942, il quitte Vichy. En 1943, il débute sa collaboration avec Joseph Savina.
Publications : *Sur les quatre routes* et *Destin de Paris* (1941), *Les Constructions Murondins* et *La Maison des hommes* avec François de Pierrefeu (1942), *La Charte d'Athènes* en écho aux Ciam, ainsi que l'*Entretien avec les étudiants des écoles d'architecture* (1943).

1945-1950

Début des recherches sur le Modulor. Il rencontre Albert Einstein à Princeton en 1946. Il est nommé expert de la commission de construction du siège des Nations Unies, à New York. Le projet de Wallace K. Harrison retenu reprend plusieurs de ses idées.
Réalisations : usine Claude et Duval à Saint-Dié dans les Vosges (1947), le Cabanon à Roquebrune-Cap-Martin (1949), la peinture murale de l'atelier rue de Sèvres (Paris, 1948).
Publications : *Les Trois Établissements humains* (1945), *Propos d'urbanisme* et *Manière de penser l'urbanisme* (1946), *Le Modulor I* et *Poésie sur Alger* (1950).

1951-1955

Voyage à Chandigarh et à Ahmedabad, début des chantiers indiens. Exposition personnelle au Museum of Modern Art, New York. Inauguration de la Cité radieuse de Marseille (1952). Première exposition de l'œuvre plastique au Musée d'art moderne de Paris (1953). Voyage au Japon en 1954.
Réalisations : maison Currutchet (à La Plata, en Argentine, 1949), maisons Jaoul à Neuilly (1951), maison du Brésil en collaboration avec Lucio Costa (Cité internationale universitaire de Paris, 1953), chapelle de Notre-Dame du Haut, à Ronchamp, Unité d'habitation de Nantes-Rezé et Haute Cour de justice de Chandigarh à la demande de Jawaharlal Nehru (1955).
Publications : *Une petite maison* (1954), *Le Poème de l'angle droit*, *Modulor 2*, *Architecture du bonheur. L'urbanisme est une clef* (1955).

1956-1964

Exposition personnelle à Lyon, 1956. Exposition rétrospective dite « des dix capitales » en Europe (Zurich, Berlin, Munich, Francfort, Vienne, La Haye, Paris, entre autres), 1957. Rétrospective au Musée d'art moderne de Paris, 1962. Remise de la Légion d'honneur en 1964 par le ministre de la Culture, André Malraux. Ce dernier lui commande un musée du XXe siècle sur un terrain à Nanterre.
En 1959, il crée un second clavier de couleurs Salubra.
Réalisations : Secrétariat, puis Assemblée de Chandigarh, Unité d'habitation de Berlin, Pavillon Philips et film *Le Poème électronique* avec une musique d'Edgar Varèse pour l'Exposition internationale de Bruxelles (1958), Musée d'art occidental de Tokyo (1959), consécration du couvent Sainte-Marie de La Tourette (Eveux-sur-l'Arbresle, 1960), Unité d'habitation de Briey-en-Forêt (Meurthe-et-Moselle, 1961), Carpenter Center for the Visual Arts à Cambridge (États-Unis, 1963) réalisé en collaboration avec José Lluís Sert, maison de la Culture de Firminy (1965).
Publications : *Les Plans de Paris* (1956), *L'Atelier de la recherche patiente* (1960).

1965

Le 27 août, Le Corbusier est retrouvé mort noyé sur une plage de galets à deux pas de son Cabanon à Roquebrune-Cap-Martin.
Le 1er septembre ont lieu ses obsèques officielles dans la Cour carrée du Louvre. Le Corbusier repose au cimetière de Cap-Martin dans une tombe dessinée par ses soins en 1955.

BIOGRAPHY
SELECTIVE ELEMENTS[17]

1887-1906

Born on 6 October 1887 in La Chaux-de-Fonds, to a craftsman father who worked in the clock making industry and a pianist mother, Charles-Édouard Jeanneret (the future Le Corbusier) studied as an engraver-embosser of watches, before attending classes with Charles L'Eplattenier in 1904, who taught decoration in various forms. The young man eventually turned to architecture.
Production: Villa Fallet in La Chaux-de-Fonds, 1905, in association with architect René Chapallaz.

1907-1908

Cultural field trip to Italy, Vienna, Germany and France. In Tuscany, he visited the Charterhouse of Ema, a model of monastic organisation that was already an inspiration for the concept of his future living cell. On his journey, he met Josef Hoffmann, Tony Garnier, Frantz Jourdain, Henri Sauvage, and Eugène Grasset, and then became a draughtsman at Auguste and Gustave Perret's cabinet.
Productions: in 1908, he completed the Jacquemet and Stotzer villas designed in Vienna and built in La Chaux-de-Fonds with René Chapallaz.

1909-1910

Back in La Chaux-de-Fonds, he designed the "ateliers d'art réunis" [adjoining art studios] — modules that could be agglomerated in accordance with particular needs. The project remained unbuilt, but suggested providing a more rational space for his artist and artisan peers. In 1910, he went on a second trip to Germany with the study of the Deutscher Werkbund as his mission, a movement for the promotion of innovation in the applied arts and architecture, founded by Hermann Muthesius in 1907. He thus worked in the studio of Peter Berhens, where Walter Gropius and Ludwig Mies van der Rohe were also staying. In Munich, he became friends with writer William Ritter. In Hellerau, where his brother Albert Jeanneret taught rhythm alongside the composer, musician, and creator of body rhythms Émile Jaques-Dalcroze, Charles-Édouard met Heinrich Tessenow, the architect of the experimental garden city located near Dresden. He started writing the manuscript of *La Construction des villes* [The Building of Cities].

1911-1912

On his journey to the east, accompanied by his friend the art historian Auguste Klipstein, he discovered the Acropolis: the colonnade of the Parthenon fascinated him, owing to its spatial rhythm.
Productions: upon his return to Switzerland in 1912, he built the Villa Jeanneret-Perret for his parents, known as the "White House", at La Chaux-de-Fonds, then the Villa Favre-Jacquot in Le Locle (Switzerland).
Publication: *Étude sur le mouvement d'art décoratif en Allemagne* [Study on the Decorative Art Movement in Germany], 1912.

1914-1916

First studies on the living cell via the "Dom-ino" house, a system of standardised and prefabricated frameworks.
Production: the Villa Schwob (La Chaux-de-Fonds, 1916), whose framework in reinforced concrete applied the principles of the Dom-ino patent.

1917-1920

Le Corbusier moved to Paris definitively. En 1918, he met Amédée Ozenfant there, along with other artists such as Pablo Picasso, Georges Braque, Jacques Lipchitz, and Juan Gris. He painted *La Cheminée* (repr. p. 9) [The Fireplace], a painting that he considers to be his first, and whose central subject, a cube, is somewhat reminiscent of his vision of the Parthenon. He published *Après le cubisme* [Beyond Cubism] with Ozenfant (1918), manifesto of the Purist movement, which they created.

The two friends exhibited their paintings at the Thomas Gallery, and, in 1919, founded the magazine *L'Esprit nouveau* with poet Paul Dermée. In 1920, Charles-Édouard Jeanneret adopted the pseudonym Le Corbusier to sign his text "Three Reminders to Architects". He designed the Citrohan house and made the acquaintance of Fernand Léger.

1922-1924

Beginning of the collaboration with Pierre Jeanneret, his architect cousin. They worked together until 1940, then once again collaborated on the construction site in Chandigarh (from 1950 onwards). Le Corbusier meets Yvonne Gallis, whom he was to marry eight years later. He designed the project "city of 3 million inhabitants" that he presented at the Salon d'Automne in 1922. An exhibition of his paintings was held at Léonce Rosenberg's gallery L'Effort Moderne in Paris, along with Amédée Ozenfant. In 1924, he moved into the studio at 35 Rue de Sèvres.

Productions: Besnus house (Vaucresson, 1922), studio/home of the painter Amédée Ozenfant (Paris, 1923), "Le Lac" home in Corseaux (Canton of Vaud, Switzerland) for his parents.

Publications: *Vers une architecture*, 1923 [Towards a New Architecture, 1970]; *Urbanisme*, 1924 [The City of Tomorrow and its Planning, 1987].

1925-1927

Presentation at the Esprit nouveau Pavilion with the Plan Voisin project, at the Exposition internationale des arts décoratifs de Paris. Theorised the "Five Points of a New Architecture", which he put into practice in many of his buildings: piles, a rooftop garden, an open plan, horizontal windows, and a free façade.

Productions: La Roche-Jeanneret villa (Paris, 1923-1925), Lipchitz-Miestchaninoff villa/studio (Boulogne-sur-Seine, 1923), Planeix house (Paris, 1924), workers' housing in Pessac for the Bordeaux manufacturer Henri Frugès (1925), Cook villa and Ternisien house (Boulogne-sur-Seine, 1926), Cité de Refuge pour l'Armée du Salut (Paris, 1926), Guiette house (Antwerp, 1926), Stein and De Monzie villa (Garches, 1926), two villas in the city of Weissenhof in Stuttgart, commissioned by the Deutscher Werkbund (1927), Church villa (Ville-d'Avray, 1927), Nestlé Pavilion (Paris, 1927).

Publications: *L'Art décoratif d'aujourd'hui* and *Almanach d'architecture moderne* (1925), two books articulating the Corbusian reaction against the decorative arts and summarising the work he presented at the International Exposition of Decorative Arts.

1928

With Siegfried Giedon, he founded the CIAM (Congrès Internationaux d'Architecture Moderne) at the Château de La Sarraz, near Lausanne. Ten congresses advocating architectural and urban functionality were held up until 1956.

Productions: Baizeau villa (Carthage, 1928), Centrosoyus or the Palace of the Soviets in Moscow (1928), and the Villa Savoye (Poissy, 1928).

Publication: *Une maison, un palais* (1928) following the rejection of his project for the Société des Nations in Geneva.

1929

At the Salon d'Automne in Paris, Le Corbusier, Pierre Jeanneret and Charlotte Perriand present their furniture: a swivelling, adjustable Grand Confort armchair, a chaise longue, and an Airplane Tube table.

Publication: Willy Boesiger and Oscar Storonov published *Le Corbusier: Œuvre complète, 1910-1929*, the first book in a series of eight volumes retracing Le Corbusier's research and productions.

1930-1932

Le Corbusier obtained French nationality. He worked on the town-planning project of Algiers.

Productions: apartment of Charles de Beistegui (Paris, 1929), Maison au Pradet near Toulon for Hélène de Mandrot, patron of the CIAM (1929), Swiss Pavilion (Cité Internationale Universitaire de Paris, 1930), an apartment block on Rue Nungesser-et-Coli (Paris, 1931), the Clarté building (apartment block with a metal structure commissioned by the manufacturer Edmond Wanner, Geneva, 1932).

Publication: *Précisions sur un état présent de l'architecture et de l'urbanisme*, Paris, G. Crès, 1930 [Precisions: On the Present State of Architecture and City Planning, 1991], *Salubra, claviers de couleur*, 1931 [First Colour Keyboard].

1933-1938

Meeting with Breton cabinetmaker and sculptor Joseph Savina. Organisation of a primitive art exhibition with Louis Carré in his building on Rue Nungesser-et-Coli in Paris.

Productions: weekend house (La Celle-Saint-Cloud, 1934), Le Sextant villa (Les Mathes, 1935), fresco in the Jean Badovici house in Vezelay (1936), Pavillon des Temps nouveaux at the Paris International Exposition (1937), and the mural painting at Eileen Gray and Jean Badovici's E1027 villa in Roquebrune-Cap-Martin (1938).

Publications: *La Ville radieuse* [The Radiant City, 1967] and *Aircraft* (1935), *Quand les cathédrales étaient blanches: Voyage au pays des timides* (1937) [When the Cathedrals Were White: Travels in the Land of the Timid, 1964] *Des Canons, des munitions? Merci! Des logis, SVP* (1938) [Cannons, arms? No thanks! Housing please].

1941-1943

Moved to Vichy, where he was temporarily in charge of a mission for the housing and construction working committee. In July 1942, he left Vichy. In 1943, he started his collaboration with Joseph Savina.

Publications: *Sur les quatre routes* [On the Four Roads] and *Destin de Paris* [Destiny of Paris] (1941), *Les Constructions Murondins* and *La Maison des hommes* [The Home of Man] with François de Pierrefeu (1942), *La Charte d'Athènes* [The Athens Charter] echoed during the CIAM, as well as the *Entretien avec les étudiants des écoles d'architecture* (1943) [Le Corbusier Talks with Students, 1961].

1945-1950

Start of research on the Modulor. He met Albert Einstein in Princeton in 1946. He was elected expert to the commission for construction of the United Nations headquarters in New York. The Wallace K. Harrison project chosen used a number of his ideas.

Productions: Claude and Duval factory in Saint-Dié, in the Vosges (1947), the Cabanon at Roquebrune-Cap-Martin (1949), mural painting at the Rue de Sèvres studio (Paris, 1948).

Publications: *Les Trois Établissements humains* (1945) [The Three Human Establishments], *Propos d'urbanisme* [Concerning Town Planning, 1948] and *Manière de penser l'urbanisme* (1946) [How To Think About Urbanism], *Le Modulor I* and *Poésie sur Alger* (1950) [Poetry on Algiers].

1951-1955

Journey to Chandigarh and Ahmedabad, start of the Indian construction sites. Solo exhibition at the Museum of Modern Art, New York. Inauguration of the Cité radieuse in Marseilles (1952). First exhibition of his fine art works at the Musée d'Art Moderne de Paris (1953). Journey to Japan in 1954.

Productions: Currutchet house (in La Plata, Argentina, 1949), Jaoul houses in Neuilly (1951), Maison du Brésil in association with Lucio Costa (Cité Internationale Universitaire de Paris, 1953), Notre-Dame du Haut Chapel, in Ronchamp, Nantes-Rezé Housing Unit and the High Court of Justice in Chandigarh commissioned by Jawaharlal Nehru (1955).

Publications: *Une petite maison* (trilingual French/German/English, 1954), *Le Poème de l'angle droit* [Poem of the Right Angle], *Le Modulor 2*, and *Architecture du bonheur: L'Urbanisme est une clef* (1955) [Architecture of Happiness: Urbanism is a Key].

1956-1964

Solo exhibition in Lyon, 1956. Retrospective exhibition known as the "ten capitals" exhibition in Europe (Zurich, Berlin, Munich, Frankfurt, Vienna, The Hague, and Paris, among others), 1957. Retrospective at the Musée d'Art Moderne de Paris, 1962. Awarded the Legion of Honour in 1964 by the Minister of Culture, André Malraux. The latter commissioned him to design a Museum exploring the 20th century, on a plot of land in Nanterre.

In 1959, he created a second Salubra colour keyboard.

Productions: Housing Unit in Berlin (1958), the Secretariat, then the Assembly of Chandigarh (1958), Museum of Western Art in Tokyo (1959), consecration of the Sainte-Marie de La Tourette Convent (Eveux-sur-l'Arbresle, 1960), Housing Unit of Briey-en-Forêt (Meurthe-et-Moselle, 1961), Carpenter Center for the Visual Arts in Cambridge (United States, 1963) produced collaboratively with Josep Lluis Sert, the Philips Pavilion and the film *Le Poème électronique* [The Electronic Poem] with music by Edgar Varèse for the Brussels International Exposition (1958), and the Maison de la Culture de Firminy (1965).

Publications: *Les Plans de Paris* (1956), *L'Atelier de la recherche patiente* (1960) [Le Corbusier: Creation in a Patient Search, 1960].

1965

On 27 August, Le Corbusier was found drowned on a stony beach not far from his Cabanon at Roquebrune-Cap-Martin.

On 1 September, his official funeral was held in the Cour Carrée of the Louvre Museum. Le Corbusier is buried at the Cap-Martin cemetery in a tomb he designed himself in 1955.

17 – Translator's note: English references have been given where possible, with a date when a translation exists. For the sake of efficiency and readability, some titles have been left untranslated if they were deemed sufficiently close to the English.

Le Corbusier
Photographie d'André Steiner (détail) — Photograph by André Steiner (detail)
1937

Épreuve gélatino-argentique — Gelatin silver print, 23,9 × 17,9 cm

Centre Pompidou, Mnam-CCI, Paris. Achat 2011 — Acquisition, 2011

CENTRE NATIONAL D'ART ET DE CULTURE GEORGES POMPIDOU

Le Centre national d'art et de culture Georges Pompidou est un établissement public national placé sous la tutelle du ministère chargé de la culture (loi n° 75-1 du 3 janvier 1975) — The Centre National d'Art et de Culture Georges Pompidou is a national public establishment under the supervision of the Ministry of Culture (Law 75-1, 3 January 1975).

ALAIN SEBAN
Président (2007-2015) – Chairman, Director & CEO

DENIS BERTHOMIER
Directeur général – Director General

BERNARD BLISTÈNE
Directeur – Director
Musée national d'art moderne -
Centre de création industrielle

KATHRYN WEIR
Directeur – Director
Département du développement culturel

JACK LANG
Président – President
Association pour le développement
du Centre Pompidou

DIDIER GRUMBACH
Président – President
Société des Amis du Musée national
d'art moderne

Cette exposition a été rendue possible grâce au concours de — with the participation of

FONDATION LE CORBUSIER

et avec le soutien de — with the support

EXPOSITION
EXHIBITION

Commissaires – Curators
OLIVIER CINQUALBRE et FRÉDÉRIC MIGAYROU

Adjointe aux commissaires –
Assistant curator
MAÏLIS FAVRE

Chargés de recherches –
Curatorial assistants
CONCETTA COLLURA, THIBAULT BECHINI

Chargée de production – Production
ARMELLE DE GIRVAL assistée de NATACHA DIDRY

Architecte-scénographe – Architect and Scenographer
PASCAL RODRIGUEZ

ALBUM

Album réalisé à l'occasion de l'exposition « Le Corbusier. Mesures de l'homme » présentée à Paris, au Centre Pompidou, Galerie 2, du 29 avril au 3 août 2015. Album published to coincide with the exhibition "Le Corbusier. Measures of man" held in Paris, at the Centre Pompidou, Gallery 2, 29 April – 3 August 2015.

Avec le soutien de — with the support of
Fondation Le Corbusier

Direction d'ouvrage et textes – Editor and Texts
MAÏLIS FAVRE

Relecture – Copy Editor
IRÈNE TSUJI

Graphisme – Graphic Design
LAURE CÉRINI

Droits de reproduction – Rights
XAVIER DELAMARE

Traduction anglaise – English translation
ANNA KNIGHT

Fabrication – Production
MARTIAL LHUILLERY

DIRECTION DES ÉDITIONS
PUBLICATIONS DEPARTMENT

Directeur – Director
NICOLAS ROCHE

Responsable du pôle éditorial – Editorial Manager
FRANÇOISE MARQUET

Responsable du service iconographie et gestion des droits – Images and Rights Management
CLAUDINE GUILLON

Chef du service commercial – Sales Manager
MARIE-SANDRINE CADUDAL

Responsable du pôle ventes et stocks –
Dispatch and Stock Control
JOSIANE PEPERTY

Gestion administrative et financière –
Administrative and Financial Management
Responsable des procédures juridiques et du contrôle budgétaire – Head of legal procedures and budgetary control
THOMAS REBY

Responsable du pôle recettes et contrats –
Receipts and Contracts Manager
MATTHIAS BATTESTINI

Chef du service multimédia – Head of the Multimedia Unit
GILLES DUFFAU

Chargé de projets numériques – Digital Project Manager
GONZAGUE GAUTHIER

En couverture — Front cover :
LE CORBUSIER
Le Modulor — The Modulor
1950
Encre de Chine, collage original de papiers gouachés et découpés — Indian ink, original collage on paper cutouts applied with gouache,
70 × 54 cm
Centre Pompidou, Mnam-CCI, Paris.
Don du Crédit immobilier de France — Gift from the Crédit immobilier de France

Note de la citation en 4ᵉ de couverture :
Paris, Éditions de L'Architecture d'aujourd'hui, 1935. (Our translation). See also: *The Radiant City: Elements of a Doctrine of Urbanism to be Used as the Basis of Our Magine-Age Civilization*, Orion Press, 1967.

© Éditions du Centre Pompidou, Paris, 2015
ISBN 978-2-84426-700-9
N° d'éditeur — Publisher Number : 1578
Dépôt légal — Copyright Registration : avril 2015

Achevé d'imprimer en avril 2015, sur les presses de l'imprimerie Geers Offset, à Gand, Belgique. Imprimé en Belgique.

Retrouvez toutes les nouveautés (livres, produits dérivés, multimédia) sur boutique.centrepompidou.fr